Introduzione

Nelle culisse scintillanti del mondo ristorativo, si cela un protagonista spesso sottovalutato, un'artefice silenzioso dell'esperienza culinaria. Questo è il cameriere, un'eccellente figura dietro le quinte che incanta, serve e coreografa l'armonia di ogni momento a tavola. In un universo dove il gusto si fonde con il servizio, dove le pietanze incontrano il piacere e le emozioni sono servite insieme ai piatti, la professione del cameriere emerge come un'arte in sé.

Non si tratta soltanto di portare piatti e posate, ma di creare legami tra la creatività della cucina e la curiosità del palato. Il cameriere si trasforma in un anfitrione dell'anima, accogliendo i commensali con calore, ascoltando le loro preferenze e rendendo il loro momento a tavola un ricordo indimenticabile.

Nella sua pratica quotidiana, il cameriere è l'architetto di esperienze: allestisce scenari incantevoli, coordina il flusso di portate con grazia e reagisce con eleganza alle sfumature impreviste. Non è solo un mestiere, ma una vocazione che richiede padronanza delle abilità, abilità comunicative e dedizione ineguagliabile.

Nelle pagine di questo libro, esploreremo oltre il grembiule bianco e il sorriso cordiale, per comprendere che essere cameriere è abbracciare un mondo di sfide e soddisfazioni, dove l'arte dell'ospitalità incontra la disciplina del servizio impeccabile. Preparati ad immergerti in un viaggio all'interno del cuore pulsante della professione del cameriere, dove ogni tavolo è un palcoscenico e ogni piatto, un'opera d'arte.

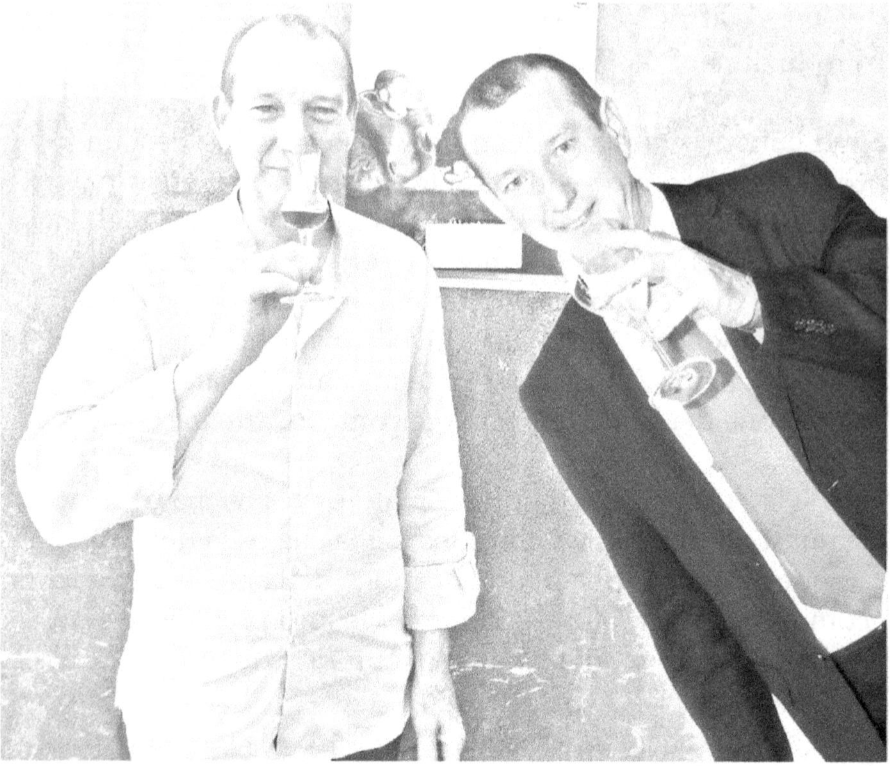

Fiorenzo Mercanzin con Fiorenzo Mercanzin

www.fioconsulenze.it

foodcostservice@gmail.com

"Eccellenza in Sala"
Guida Pratica di approfondimento
al Mestiere del Cameriere

Questa guida si divide in sei capitoli che spiegano approfondiscono: **La Professione del Cameriere**

Ogni capitolo contiene la parte tecnica correlata con dettagli, esempi pratici, consigli, suggerimenti specifici e storie per far capire quanto è importante questa professione.

Capitolo 1: Acquisizione di Conoscenze e Competenze Fondamentali
- Importanza del supporto alla cucina
- Preparazione dei cibi e gestione delle scorte
- Trasmissione di ordini e comunicazione con la cucina

Capitolo 2: Allestimento della Sala e dell'Office
- Concetto di mis en place
- Organizzazione degli spazi: sala, office
- Creazione di un buffet accattivante
- Utilizzo di decorazioni per creare atmosfera

Capitolo 3: Rapportarsi con il Cliente nei Servizi Ristorativi
- Gestione delle prenotazioni
- Accoglienza calorosa e professionale
- Presa delle comande con attenzione
- Affrontare imprevisti e criticità con cortesia

Capitolo 4: Preparazione di Bevande da Caffetteria e Altro
- Creazione di bevande caffetteria classiche
- Preparazione di bevande alcoliche e analcoliche
- Energizzanti e creazione di bevande speciali
- Presentazione di coppe di gelato e dessert liquidi

Capitolo 1: Acquisizione di Conoscenze e Competenze Fondamentali

- Importanza del supporto alla cucina

Nell'universo frenetico e sinfonico di una cucina professionale, il cameriere emerge come l'anello di congiunzione vitale tra la creatività culinaria e la tavola imbandita. La sua importanza, spesso sottolineata da gesti discreti, risuona come un eco fondamentale in ogni angolo del ristorante.

Il cameriere, con il suo ruolo di supporto alla cucina, non solo consegna piatti impeccabilmente presentati, ma rappresenta un filo conduttore che tiene insieme i dettagli minuziosi della preparazione. È colui che comprende le sfumature di ogni portata, garantendo che l'essenza delle creazioni culinarie giunga intatta al cliente.

Dal momento in cui il piatto esce dalla cucina fino al suo arrivo al tavolo, il cameriere diventa un curatore zelante del gusto e dell'esperienza. Collabora con i cuochi nel garantire che ogni componente sia perfettamente eseguito e si occupa della presentazione, trasformando ogni pietanza in una storia visiva e gustativa da raccontare.

Il suo ruolo è di gran lunga più che un semplice trasporto di portate; è un attento ascoltatore delle direttive della cucina, un risolutore di sfide logistiche e un ambasciatore delle creazioni dei cuochi. Nella sinergia tra cucina e sala, il cameriere è il collante che collega le maestranze, permettendo alla passione culinaria di brillare nel contesto dell'esperienza del cliente.

In questo libro, esploreremo l'essenza di questo legame, gettando luce sulle competenze, le sfide e le gioie di essere il supporto indispensabile alla cucina. Attraverso storie, consigli e conoscenze, scopriremo come il cameriere non solo incarna l'armonia tra la cucina e il cliente, ma eleva il suo ruolo a un'arte in sé.

- Preparazione dei cibi e gestione delle scorte
Nel dietro le quinte del mondo culinario, dove la magia della cucina prende vita, il cameriere svolge un ruolo cruciale nella preparazione dei cibi e nella gestione delle scorte. È l'artefice discreto che lavora dietro le porte della cucina, collaborando con maestria per garantire che ogni piatto sia un capolavoro di sapori e presentazione.

La preparazione dei cibi inizia prima ancora che gli ingredienti tocchino le pentole e le padelle. Il cameriere è in sintonia con il ritmo della cucina, aiutando a preparare gli ingredienti, tagliandoli, lavandoli e organizzandoli in modo che ogni fase del processo di cottura sia fluida e impeccabile. La sua mano esperta assicura che la cucina sia fornita di tutto ciò che serve, riducendo il rischio di interruzioni nel flusso di lavoro.

La gestione delle scorte è una danza intricata di previsioni e precisione. Il cameriere è coinvolto nella gestione delle risorse, collaborando con il personale di cucina per monitorare l'inventario e garantire che gli ingredienti siano disponibili in quantità adeguate. È il guardiano attento dei prodotti freschi, dell'ordine e della rotazione delle scorte, garantendo che nulla vada sprecato e che ogni piatto sia creato con ingredienti di prima qualità.

In questo capitolo, esploreremo il dietro le quinte dell'arte del cameriere nella preparazione dei cibi e nella gestione delle scorte. Attraverso strategie, suggerimenti e approfondimenti, scopriremo come il cameriere si trasforma in un partner affidabile dei cuochi, collaborando per creare esperienze culinarie memorabili. Condivideremo i segreti di una preparazione efficiente, un'organizzazione accurata e un'attenzione al dettaglio che contribuiscono all'eccellenza gastronomica.

Strategie

1. Pianificazione Preventiva: Per il cameriere e molto importante pianificare in anticipo, analizzando il menu del giorno e coordinandosi con la cucina per evitare sorprese dell'ultimo minuto.

2. Comunicazione Chiara: È molto importante una comunicazione chiara e aperta con i cuochi per garantire che le preferenze dei clienti, le restrizioni dietetiche e altre richieste speciali siano comprese e rispettate.

3. Collaborazione Attiva: Un cameriere dovrebbe partecipare attivamente alle fasi finali della preparazione, contribuendo con dettagli come la presentazione, la disposizione dei condimenti e l'aggiunta di decorazioni.

Suggerimenti:

1. Conoscere gli Ingredienti: Un cameriere deve avere una conoscenza approfondita degli ingredienti utilizzati nei piatti, in modo da poter rispondere alle domande dei clienti e offrire suggerimenti accurati.

2. Gestione degli Allergeni: Cosa molto importante, soprattutto di questi tempi, un cameriere deve sapere riconoscere e gestire allergeni comuni, evitando incroci contaminati e fornendo informazioni precise ai clienti.

3. Controllo Visivo: Da non sottovalutare un controllo visivo delle portate prima di portarle in sala, per verificare che siano conformi alle aspettative di presentazione.

Approfondimenti:
1. Il Magico Momento del Passaggio: è il momento in cui il piatto passa dalla cucina al cameriere, bisogna prestare attenzione che il piatto venga consegnato al cliente come è uscito dalla cucina.

2. Gestione delle Scorte in Tempo Reale: Altro compito del cameriere, durante il servizio, è aiutare la cucina a tenere traccia delle scorte, segnalando tempestivamente allo Chef di cucina quando è necessario riordinare ingredienti.

3. L'Arte dell'Accurata Presentazione:
Ecco alcuni esempi di consigli su come curare l'accurata presentazione dei piatti:

Sistemare Ingredienti con Armonia:
Piatti a Base di Carne o Pesce: Per piatti principali a base di carne o pesce, posizionare il componente proteico al centro del piatto e circondarlo con gli accompagnamenti. Ad esempio, un filetto di pesce potrebbe essere collocato su un letto di verdure grigliate o su una crema di purea di patate.

- Piatti Vegetariani o Vegani: Nei piatti vegetali, creare un equilibrio tra colori e texture. Ad esempio, una quinoa colorata potrebbe essere posizionata sopra una base di spinaci freschi, con una generosa guarnizione di semi croccanti per aggiungere contrasto.

Armonia di Colori e Contrasti: Colori Complementari: Giocare con colori complementari per rendere il piatto visivamente attraente. Ad esempio, una salsa verde brillante su un piatto di pasta potrebbe essere accostata a pomodorini rossi per un contrasto cromatico accattivante.

-Contrasto di Testure: Bilanciare consistenze diverse, come il croccante e il morbido, per creare una sensazione piacevole al palato. Un piatto con crostini croccanti potrebbe essere accostato a una porzione di cremoso purè di cavolfiore.

Guarnizioni Creative:
Micro Erbe e Fiori Edibili: Aggiungere un tocco di raffinatezza con micro erbe o fiori edibili. Posizionarli strategicamente sul piatto per un tocco di colore e un tocco di freschezza.

Riduzioni e Salse Decorative: Utilizzare riduzioni o salse decorative a specchio per aggiungere un elemento visivo intrigante. Ad esempio, una riduzione di balsamico disegnata sul piatto potrebbe aggiungere profondità e stile.

Attenzione alla Simmetria e All'Ordine: Allineamento Simmetrico: L'uso di allineamenti simmetrici può conferire un aspetto pulito e organizzato al piatto. Ad esempio, posizionare gli ingredienti principali al centro e gli accompagnamenti lungo i lati.

Ordine Lineare o Radiale: Creare un'organizzazione visiva utilizzando un ordine lineare o radiale. Ad esempio, sistemare gli ingredienti a formare un arco o una linea diretta per guidare l'occhio attraverso il piatto.

Ricorda che la presentazione dei piatti è un'opportunità creativa per esprimere la tua personalità e il tuo stile come cameriere. Ogni piatto è un'opera d'arte in miniatura, e ogni dettaglio conta per creare un'esperienza gustativa completa ed esteticamente affascinante.

Trasmissione di ordini e comunicazione con la cucina
Nel palcoscenico frenetico di un ristorante, la trasmissione fluida degli ordini e la comunicazione chiara con la cucina si rivelano come le note chiave di un'armoniosa sinfonia. Il cameriere, in questo contesto, si trasforma in un comunicatore abile e in una guida affidabile tra la sala e la cucina.

La trasmissione degli ordini è un processo che richiede precisione e tempestività. Il cameriere diventa l'anello di congiunzione vitale tra il desiderio del cliente e la realizzazione della cucina. Attraverso la sua padronanza delle scelte di cibo, delle preferenze e delle restrizioni dei clienti, il cameriere traduce ogni richiesta in un ordine chiaro e accurato, consegnandolo con attenzione alla cucina.

La comunicazione con la cucina è una danza sottile di informazioni. Il cameriere diventa un interprete, traducendo i bisogni del cliente in istruzioni chiare e specifiche per il personale di cucina. Questa comunicazione non è unidirezionale; il cameriere è anche in ascolto, catturando le domande e le esigenze della cucina e rispondendo con attenzione.

Per rendere questa comunicazione efficiente, il cameriere deve comprendere il linguaggio culinario, essere a conoscenza dei tempi di preparazione e della sequenza delle portate. Una comunicazione accurata garantisce che ogni piatto arrivi in tavola nella sua massima freschezza e nel momento opportuno, contribuendo a un'esperienza gastronomica senza soluzione di continuità.

In questo capitolo, esploreremo l'arte della trasmissione di ordini e della comunicazione con la cucina. Attraverso strategie pratiche, consigli per l'efficienza e approfondimenti sulla sincronizzazione, scoprirai come il cameriere si trasforma in un maestro della comunicazione, garantendo che ogni piatto sia consegnato con precisione e passione, soddisfacendo così i desideri dei commensali.

Strategie Pratiche:

1. Raccolta Dettagliata delle Comande: Il cameriere prende gli ordini o comanda in modo dettagliato, chiedendo specifiche sulle preferenze dei clienti (ad esempio, cottura della carne, ingredienti extra o esclusi).

2. Ordini Raggruppati: Gli ordini devono essere raggruppati assieme tavolo per tavolo, in modo da trasmettere alla cucina tutte le richieste di un tavolo, riducendo il rischio di errori.

3. Comunicazione Immediata: Se il cliente chiede all'ultimo minuto delle modifiche o delle richieste speciali, queste devono essere comunicate immediatamente alla cucina.

Consigli per l'Efficienza:

1. Uso di App o Sistemi Elettronici: Se è possibile, si possono utilizzare app o dispositivi elettronici per trasmettere gli ordini direttamente alla cucina, riducendo il rischio di errori di trascrizione.

2. Chiarezza nella Scrittura: Se gli ordini vengono trascritti a mano, devono essere scritti in modo chiaro e leggibile per evitare malintesi.

3. Conferma degli Ordini: Prima di trasmettere l'ordine alla cucina, è consigliabile rileggere l'ordine ad alta voce o di chiedere al cliente di confermarlo.

Approfondimenti sulla Sincronizzazione:

1. Allineamento Temporale: È molto importante di coordinare i tempi di consegna degli ordini con la velocità di preparazione della cucina, in modo da evitare ritardi o portate fredde.

2. Comunicazione sullo Stato dell'Ordine:
La cosa migliore sarebbe di conoscere esattamente i tempi di cottura di ogni piatto in maniera di informare il cliente fornendo informazioni accurate sui tempi di preparazione.

3. Comunicazione di Emergenza: Supponiamo che un cliente abbia ordinato un piatto particolare che è esaurito a causa dell'alta richiesta o di un'imprevista carenza di ingredienti. Il cameriere può gestire questa situazione comunicando prontamente con la cucina e offrendo alternative.
Sia che si tratti di piatti esauriti o di improvvisi cambiamenti nelle preferenze, l'obiettivo del cameriere è affrontare la situazione con empatia e risoluzione, assicurandosi che il cliente si senta ascoltato e soddisfatto.

La Danza Sincronizzata tra Sala e Cucina: Immagina una serata affollata nel ristorante, dove i camerieri si muovono agilmente tra i tavoli. In questo momento di alta intensità, la trasmissione degli ordini diventa una coreografia sincronizzata. I camerieri, consapevoli della tempistica della cucina, trasmettono gli ordini al momento giusto, garantendo che ogni portata arrivi con precisione. Come una squadra di danzatori, la comunicazione tra sala e cucina crea un flusso fluido che permette agli ospiti di godere di un'esperienza senza soluzione di continuità.

Storia: "Il Cuore Caldo della Collaborazione"

Questa storia illustra l'importanza della collaborazione tra il personale della sala e della cucina, evidenziando come il cameriere Marco abbia imparato attraverso l'esperienza diretta.

Nel vivace ristorante "Sapore Autentico," Marco, un giovane cameriere, stava imparando le sfumature del mestiere. Una serata movimentata lo mise alla prova, quando un grande gruppo di clienti affollò il locale. Mentre i clienti iniziavano a ordinare, la cucina si ritrovò ad affrontare un improvviso aumento di richieste. Marco notò il lieve stress che si diffondeva tra i cuochi e decise di agire.

Avvicinandosi alla finestra della cucina, Marco chiese al capo cuoco se poteva dare una mano. Con il suo sorriso caratteristico, il capo cuoco accettò volentieri. Marco si unì al team della cucina, aiutando a preparare i piatti, ad assemblare le portate e a gestire le tempistiche. Durante il processo, imparò alcuni segreti della preparazione dei cibi e guadagnò apprezzamento per il lavoro di squadra dei cuochi.

Mentre la serata continuava a scorrere senza intoppi, Marco si rese conto dell'importanza del supporto tra sala e cucina. Il capo cuoco gli spiegò che la comunicazione aperta e la collaborazione erano fondamentali per garantire che ogni piatto fosse servito nel modo migliore possibile. Alla fine della serata, il capo cuoco abbracciò Marco e disse: "Hai dimostrato di essere un vero alleato della cucina stasera. Non dimenticare mai quanto sia cruciale lavorare insieme per offrire un'esperienza eccezionale ai clienti."

Marco uscì dalla cucina quella notte con una nuova comprensione dell'importanza di supportare la cucina e di collaborare con i colleghi. Questa esperienza lo avrebbe guidato nella sua crescita come cameriere, ricordandogli che il successo del ristorante si basava su un solido legame tra il personale della sala e della cucina.

Storia: "La Danza Sincronizzata tra Sala e Cucina"

Questa storia mette in evidenza l'importanza della comunicazione efficace tra il personale della sala e della cucina, mostrando come Francesca abbia gestito con successo una situazione complessa grazie a una comunicazione chiara e collaborativa.

Nel prestigioso ristorante "Gusti Raffinati," Francesca, una cameriera esperta, dimostrò l'importanza di una perfetta sincronizzazione tra sala e cucina durante una serata di gala. Il ristorante ospitava un evento esclusivo per importanti ospiti locali e il coordinamento era fondamentale.

Francesca si era preparata per l'evento e sapeva che l'alta richiesta avrebbe potuto mettere a dura prova il ristorante. Appena iniziò il servizio, notò che i tavoli stavano iniziando a riempirsi rapidamente e le richieste diventavano sempre più complesse. Si assicurò di comunicare chiaramente le ordinazioni alla cucina, facendo attenzione a eventuali dettagli specifici dei clienti.

Nel frattempo, il capo cuoco, Paolo, aveva organizzato il suo team in modo strategico per gestire il flusso costante di ordini. Paolo e Francesca avevano sviluppato un sistema di segnalazioni veloci per le richieste speciali e le modifiche ai piatti. Questa comunicazione efficiente consentì alla cucina di adattarsi rapidamente alle esigenze dei clienti senza compromettere la qualità.

A metà serata, il capo cuoco inviò una portata di piatti appena preparati. Francesca notò che uno dei piatti aveva una leggera variazione rispetto all'ordinazione originale. Prima di portarlo al tavolo, si avvicinò a Paolo per chiarire la situazione. Paolo spiegò che il cliente aveva chiesto una modifica dell'ingrediente a causa di una restrizione dietetica non comunicata in precedenza.

Francesca tornò al tavolo del cliente con il piatto corretto, senza alcun segno di disagio. La sua tranquilla professionalità colpì il cliente, che la ringraziò per l'attenzione alle sue esigenze. Alla fine della serata, il cliente elogiò il servizio impeccabile e il coordinamento tra sala e cucina.

Francesca e Paolo rifletterono sulla serata, riconoscendo che la chiave del successo era stata la loro comunicazione costante e la capacità di adattarsi rapidamente alle sfide. Questa esperienza rafforzò l'importanza di una sincronizzazione armoniosa tra sala e cucina, garantendo un'esperienza straordinaria per ogni ospite.

Storia: "La Notte Magica della Comunicazione Perfetta"

Questa storia enfatizza l'importanza della comunicazione precisa e tempestiva tra sala e cucina, mostrando come Luca abbia contribuito a creare un evento di degustazione di successo grazie alla sua abilità di comunicazione.

Nel rinomato ristorante "Armonia Gastronomica," il giovane cameriere Luca ebbe un'esperienza che dimostrò quanto fosse cruciale un'ottima comunicazione tra sala e cucina. Era la notte del tanto atteso evento di degustazione, durante il quale i clienti avrebbero assaggiato una serie di piatti creativi e innovativi.

Luca si preparò per l'evento, prendendo nota delle preferenze e delle restrizioni alimentari dei partecipanti. Durante il servizio, si rese conto che la comunicazione accurata sarebbe stata essenziale per garantire che ogni portata fosse consegnata nel modo desiderato.

Con un sistema di comunicazione ben definito, Luca trasmise ogni ordine in modo chiaro e dettagliato alla cucina. Si assicurò di includere le preferenze dei clienti e le richieste speciali. La cucina rispose con conferme immediate, dimostrando la fiducia nella precisione delle informazioni fornite da Luca.

Durante l'evento, un cliente chiese una modifica a uno dei piatti, richiedendo un'eliminazione di un ingrediente chiave a causa di una allergia. Luca comunicò immediatamente la richiesta al capo cuoco, il quale confermò l'accettazione della modifica. La portata fu consegnata senza l'ingrediente in questione e il cliente fu molto grato per l'attenzione dedicata.

Alla fine della serata, il proprietario del ristorante si avvicinò a Luca e lo lodò per la sua capacità di gestire le comunicazioni in modo così fluido e preciso. "Hai dimostrato che la comunicazione perfetta è la chiave per il successo di un evento come questo. Hai reso questa notte davvero magica per i nostri ospiti," disse con un sorriso.

Luca capì che la comunicazione non era solo una questione di trasmettere informazioni, ma una componente essenziale nell'arte del servizio. Questa esperienza gli insegnò che una comunicazione accurata, tempestiva e dettagliata tra sala e cucina poteva fare la differenza tra un servizio ordinario e uno straordinario.

Capitolo 2: Allestimento della Sala e dell'Office

Nel secondo capitolo di questo viaggio nel mondo della professione del cameriere, esploreremo l'arte dell'allestimento della sala e dell'office. Questi due ambiti, apparentemente distinti ma profondamente interconnessi, costituiscono il palcoscenico su cui si svolge l'esperienza ristorativa. Attraverso strategie, dettagli creativi e consigli pratici, scopriremo come il cameriere diventa l'architetto dell'atmosfera e dell'ordine che rendono ogni visita al ristorante un'esperienza memorabile.

L'Allestimento della Sala - Creare Atmosfera e Accoglienza

Nel capitolo dedicato all'allestimento della sala, ci immergeremo nell'arte di creare un'atmosfera unica e un'accoglienza calorosa per i clienti. Questa è l'area in cui il cameriere diventa un vero e proprio architetto dell'esperienza ristorativa, plasmando l'ambiente e trasmettendo sensazioni attraverso dettagli attentamente curati.

Curare l'Atmosfera:

Luci e Ombre: Immagina una cena romantica con luci soffuse e candele, creando un'atmosfera intima e rilassata. Al contrario, durante il pranzo, le luci potrebbero essere più brillanti e vivaci, per un'esperienza più vivace e energica.

- Musica da Sottofondo: Considera il suono di una leggera melodia jazz durante la cena, per una sensazione di eleganza e raffinatezza. Durante il pranzo, invece, la scelta di brani più allegri e vivaci può creare un'atmosfera gioiosa e conviviale.

Aree Intime e Spazi Sociali: Immagina una zona in un angolo appartato con tavoli per due, ideale per coppie in cerca di intimità. Allo stesso tempo, un'area con tavoli più grandi e aperti potrebbe accogliere gruppi di amici che vogliono condividere un pasto e divertirsi insieme.

Accoglienza e Dettagli Curati:

La Tavola Imbandita: Visualizza una tavola elegantemente imbandita con posate lucide, bicchieri scintillanti e tovaglioli piegati con cura. Questi dettagli mostrano la premura per ogni dettaglio, anticipando un'esperienza straordinaria.

Piegature dei Tovaglioli: Immagina tovaglioli piegati a forma di loto per un tocco esotico in un ristorante fusion. Oppure, a forma di camicia, per aggiungere un tocco giocoso e informale in un ristorante più casual.

Direzioni dello Sguardo: Considera centrotavola di fiori freschi che guidano lo sguardo verso il centro della tavola, creando un punto focale accattivante. Inoltre, oggetti artistici o decorativi posizionati strategicamente potrebbero creare un senso di movimento e dinamismo nell'ambiente.

Questi esempi illustrano come il cameriere può giocare un ruolo cruciale nell'allestimento della sala, trasmettendo emozioni e creando un'esperienza sensoriale per i clienti. Personalizzando questi dettagli in base al tema e allo stile del tuo ristorante, puoi trasformare la sala in un luogo in cui i clienti si sentono accolti e immersi in un'atmosfera unica.

Concetto di mis en place

Il concetto di "mis en place" è un pilastro fondamentale nell'organizzazione del lavoro di un cameriere. Derivato dal francese e che significa "mettere in ordine" o "preparare", il termine si riferisce alla pratica di preparare e organizzare tutto ciò che è necessario prima dell'inizio del servizio. Questo approccio meticoloso consente ai camerieri di affrontare il servizio in modo efficiente, riducendo lo stress e massimizzando la qualità dell'esperienza ristorativa.

Esempi di Mis en Place:

1. Preparazione degli Strumenti: Immagina un cameriere che prepara il suo apron o grembiule con i propri utensili, come penne, blocco note, cavatappi, e un coltello da sommelier. Questo gli consente di essere prontamente equipaggiato per le richieste dei clienti.

2. Piegatura dei Tovaglioli: Un esempio classico di mis en place è la piegatura dei tovaglioli. Il cameriere piega tovaglioli in modi creativi e uniformi, in anticipo, così da poterli posizionare rapidamente sulle tavole durante il servizio.

3. Preparazione delle Bevande: Preparare gli ingredienti base delle bevande in anticipo, come tagliare le fettine di limone, preparare gli zuccherini o miscelare i succhi di frutta, rende il processo di servire le bevande più rapido e senza intoppi.

4. Predisposizione dei Condimenti: Preparare vassoi con i condimenti comuni, come sale, pepe, olio d'oliva e aceto balsamico, semplifica il processo di aggiungere i condimenti alle pietanze dei clienti.

5. Organizzazione dei Menu: Prima del servizio, i camerieri possono verificare che i menu siano in ordine e pronti per essere consegnati ai clienti. Questo evita confusioni durante l'ordinazione.

6. Preparazione delle Attrezzature di Servizio: Preparare carrelli o vassoi con gli strumenti necessari per il servizio, come coperchi per piatti caldi, caraffe d'acqua, e posate, semplifica il trasporto delle portate dalla cucina alla sala.

In breve, il mis en place rappresenta la preparazione accurata e anticipata di tutto ciò che è richiesto per garantire un servizio fluido e di alta qualità. Gli esempi sopra illustrano come questo principio possa essere applicato in vari aspetti del lavoro di un cameriere, consentendo loro di affrontare ogni situazione con competenza e fiducia.

Organizzazione degli spazi: sala, office

Organizzazione degli spazi: sala

1. Posizionamento dei Tavoli: Immagina di organizzare i tavoli in modo da ottimizzare lo spazio e garantire un flusso agevole tra di essi. Evita congestioni e assicurati che ogni tavolo abbia abbastanza spazio per i clienti e le portate.

2. Zona di Attesa: Prevedi un'area accogliente e ben segnalata dove i clienti possono attendere. Pensa a poltrone comode, riviste o una vetrina con prodotti speciali per incuriosire.

3. Punti Focali: Posiziona oggetti decorativi o opere d'arte in modo strategico, creando punti focali interessanti nella sala. Questi possono attirare l'attenzione dei clienti e aggiungere un tocco estetico.

4. Spazi per Mobilità: Assicurati che vi sia spazio sufficiente per i camerieri per muoversi agilmente tra i tavoli. Evita ostacoli o ingombri che possano ostacolare il servizio.

Organizzazione degli Spazi: Office

1. Stoccaggio delle Scorte: Immagina un sistema di scaffalature ben organizzato per conservare gli ingredienti e le scorte. Utilizza etichette chiare per identificare gli elementi e adotta il principio del "primo dentro, primo fuori" per gestire la rotazione delle scorte.

2. Area di Preparazione: Crea un'area dedicata per preparare ingredienti come tagliare il pane e/o le verdure. Assicurati che sia dotata di tutte le attrezzature necessarie.

3. Postazione di Servizio: Prevedi una zona dove i camerieri possono ritirare le portate dalla cucina e preparare i vassoi per il servizio. Questo spazio dovrebbe essere organizzato in modo da facilitare il rapido assemblaggio delle portate.

4. Piano di Lavoro: Immagina una superficie ampia dove i camerieri possono organizzare gli utensili, preparare i tovaglioli piegati e sistemare gli accessori prima del servizio. Un piano di lavoro ben organizzato contribuirà a una preparazione efficiente.

5. Sistema di Comunicazione: Considera un sistema di comunicazione chiara tra sala e cucina, come ad esempio un campanello o un dispositivo elettronico. Ciò permette di trasmettere ordini e comunicazioni in modo tempestivo.

Sia nella sala che nell'office, l'obiettivo è creare un ambiente ben organizzato che ottimizzi il flusso di lavoro e contribuisca a un'esperienza senza soluzione di continuità. Adatta questi esempi al tuo stile e al tipo di ristorante che immagini, rendendo gli spazi funzionali, accoglienti e in grado di supportare il lavoro dei camerieri in modo efficiente.

Creazione di un buffet accattivante

Nel caso il ristorante abbia nel suo interno l'esigenza di un buffet, ecco alcuni esempi di come prepararlo.
Creare un buffet accattivante richiede una combinazione di creatività, attenzione ai dettagli e una disposizione strategica degli alimenti. Ecco alcuni passi da seguire per creare un buffet invitante e appetitoso:

Tema e Atmosfera:

1. Scegli un Tema: Decidi un tema o uno stile per il buffet. Potrebbe essere ispirato a una cucina specifica, un evento o una stagione dell'anno.

2. Colori Coordinati: Utilizza una tavolozza di colori coerente con il tema. Questo aggiunge un tocco visivamente accattivante e coeso.

3. Decorazioni Tematiche: Aggiungi decorazioni a tema, come centrotavola, tovaglioli e cartellini con dettagli descrittivi dei piatti.

Layout Creativo:

1. Altezze Differenziate: Utilizza piatti e contenitori di diverse altezze per creare varietà nell'aspetto del buffet. Puoi utilizzare scatole, libri o supporti per ottenere diverse altezze.

2. Centro di Attrazione: Posiziona il piatto principale o il piatto più prelibato al centro del buffet per attirare l'attenzione e creare un punto focale.

3. Flusso Logico: Organizza gli alimenti in un ordine logico, dalla parte anteriore del buffet verso il fondo. Inizia con antipasti, passa a piatti principali e finisci con dessert.

Presentazione Accurata:

1. Decorazioni per il Piattino: Aggiungi un tocco di freschezza ai piatti con erbe aromatiche, fiori commestibili o spolverate di spezie.

2. Piatti Artisticamente Disposti: Disponi gli alimenti in modo artistico. Ad esempio, puoi sovrapporre fette di formaggio o frutta per creare uno schema visivamente attraente.

3. Variazione di Texture: Offri una varietà di consistenze, come croccante, morbido e cremoso. Questo stimola l'appetito e rende il buffet più interessante.

Etichettatura Chiara:

1. Nomi dei Piatti: Utilizza cartellini o etichette con i nomi dei piatti in modo chiaro e leggibile. Puoi anche includere informazioni sulle allergie o le restrizioni alimentari.

Dettagli di Presentazione:

1. Posate e Tovaglioli: Fornisci posate e tovaglioli accanto a ciascun piatto, semplificando l'accesso per i commensali.

2. Bicchieri e Bevande: Posiziona bicchieri e caraffe d'acqua in modo strategico per consentire un facile accesso.

Partecipazione dei Camerieri:

1. Guida dei Camerieri: Assicurati che i camerieri siano presenti per rispondere alle domande dei commensali e per garantire che il buffet rimanga ben presentato durante tutto il servizio.

2. Ricarica Costante: Monitora il buffet e assicurati che i piatti siano sempre ben riforniti e che l'aspetto generale rimanga invitante.

Creare un buffet accattivante richiede un mix di organizzazione, estetica e attenzione ai dettagli. Personalizza le tue scelte in base al tuo tema e stile di ristorante, e fai in modo che i commensali siano tentati non solo dal cibo delizioso, ma anche dalla presentazione affascinante.

Utilizzo di decorazioni per creare atmosfera

Ecco alcuni esempi di come puoi utilizzare le decorazioni per creare un'atmosfera accattivante e coinvolgente in diversi contesti, come eventi speciali, matrimoni o serate a tema:

Evento di Gala con Tema Veneziano:

Maschere Veneziane: Posiziona maschere veneziane artistiche su ogni tavolo, aggiungendo un tocco di mistero e fascino al tema.

Candele e Luci soffuse: Utilizza candele e luci soffuse per evocare l'atmosfera romantica di Venezia di notte.

- Gondola Finta: Crea una gondola finta come elemento centrale del tavolo principale. Puoi decorarla con fiori, piume e candele galleggianti.

Matrimonio Rustico e Chic:

Centrotavola Naturali: Utilizza tronchi di legno, fiori di campo e candele per creare centrotavola rustici e romantici.

Tovaglioli di Lino: Piega i tovaglioli di lino con filo di juta e un piccolo rametto di lavanda o rosmarino.

Tende di Luce: Appendi fili di luci scintillanti sopra le tavole per creare un'atmosfera magica e intima.

Serata a Tema Hollywood:

Tappeto Rosso: Posiziona un tappeto rosso all'ingresso per dare ai tuoi ospiti un'accoglienza da superstar.

Fotografie di Celebrità: Appendi fotografie di celebrità sulle pareti o utilizza ritagli di cartone con il volto di star famose come sfondo per le foto dei partecipanti.

Statuette Oscar Finte: Utilizza piccole statuette Oscar dorate come centrotavola o decorazioni per le tavole.

Cena a Tema Giapponese:

Origami: Piegatura di origami per decorare ogni tavolo. Puoi creare fiori di ciliegio, gru di carta e altre forme tradizionali.

Tavoli Bassi e Cuscini: Organizza tavoli bassi con cuscini per sedersi a terra, ricreando l'atmosfera delle tradizionali sale da tè giapponesi.

Lampioni di Carta: Appendi lampioni di carta con motivi giapponesi sopra le tavole per aggiungere una luce soffusa e colorata.

Questi esempi dimostrano come le decorazioni possono trasformare l'atmosfera di un evento o di un ristorante, portando i partecipanti in un mondo diverso. Personalizza le decorazioni in base al tema e al tuo stile, e non avere paura di essere creativo nell'utilizzo di elementi che catturino l'attenzione e stimolino l'immaginazione dei tuoi ospiti.

Storia: "L'Arte della Preparazione Silenziosa"

Questa storia illustra come la preparazione accurata dei tavoli attraverso il concetto di "mis en place" possa migliorare l'efficienza e l'esperienza complessiva dei clienti.

Nel ristorante "Eleganza in Tavola," Sofia, una giovane cameriera, aveva appreso l'importanza del concetto di "mis en place" durante una serata particolarmente impegnativa. Aveva sempre considerato questa pratica un semplice insieme di preparazioni, ma quella sera, ne comprese veramente il valore.

Prima dell'apertura, Sofia si concentrò sulla preparazione dei tavoli per i clienti. Applicò il concetto di "mis en place" organizzando posate, bicchieri e tovaglioli in modo meticoloso. Mise a punto anche i supporti per le carte dei menu, in modo che ogni tavolo fosse pronto per accogliere gli ospiti senza alcun ritardo.

Durante il servizio, un gruppo di clienti arrivò inaspettatamente prima del previsto. Sofia si trovò davanti a un momento cruciale per dimostrare la sua preparazione. Grazie alla sua attenta organizzazione dei tavoli, riuscì a far accomodare i clienti immediatamente, facendoli sentire i benvenuti nonostante il cambiamento di pianificazione.

La serata continuò senza intoppi, e Sofia si rese conto che la sua attenzione ai dettagli aveva fatto la differenza. Alla fine della serata, il capo sala l'elogiò per aver affrontato con successo una situazione potenzialmente complicata. Sofia capì che il concetto di "mis en place" non riguardava solo gli oggetti fisici, ma anche la preparazione mentale e la pianificazione per affrontare qualsiasi evenienza.

Storia: "L'Arte di Creare un Buffet Accattivante"

Questa storia illustra come le decorazioni ben scelte possano creare un'atmosfera unica e coinvolgente all'interno del ristorante.

Questa storia mette in risalto l'importanza dell'allestimento visivo e creativo di un buffet.

Nel ristorante "Gusto del Mondo," il team dei camerieri si trovò a preparare un buffet per un evento speciale. Lucia, una cameriera creativa, si occupò di creare un'esperienza visiva accattivante oltre che gustosa.

Lucia collaborò con lo chef per selezionare i piatti che sarebbero stati presentati nel buffet. Poi mise in atto la sua abilità nel disporre i cibi in modo invitante. Creò altezze diverse utilizzando piattaforme e supporti, e inserì dettagli decorativi che si adattassero al tema dell'evento.

Durante il buffet, i clienti si avvicinarono con entusiasmo, attratti dall'aspetto invitante dei piatti. Molte persone si complimentarono con Lucia per la sua abilità nell'allestire il buffet in modo così accattivante. Lucia riconobbe che oltre alla presentazione visiva, era fondamentale mantenere un flusso costante di cibo fresco e ben posizionato.

Alla fine dell'evento, il proprietario del ristorante si avvicinò a Lucia e la ringraziò per aver reso il buffet non solo delizioso, ma anche una vera opera d'arte visiva. Lucia capì che l'arte di creare un buffet accattivante richiedeva un equilibrio tra estetica e funzionalità, dimostrando come la presentazione potesse influenzare l'esperienza culinaria complessiva.

Storia: "L'Incanto delle Decorazioni"

Nel ristorante "Atmosfera Magica," il cameriere Andrea aveva un talento speciale nell'aggiungere dettagli decorativi per creare un'atmosfera suggestiva. Durante una serata in cui il ristorante ospitava una cena romantica a lume di candela, Andrea decise di rendere ogni tavolo un piccolo angolo di incanto.

Andrea aveva studiato il tema della serata e si era procurato candele profumate e petali di rose fresche. Prima dell'apertura, con pazienza e cura, adornò ogni tavolo con una disposizione elegante di candele e petali. Questo tocco personale trasformò la sala in un luogo di magia e romanticismo.

I clienti entrarono e notarono subito l'atmosfera avvolgente. I complimenti per l'allestimento non si fecero attendere, e molte coppie chiesero se fosse possibile ottenere lo stesso trattamento in futuro. Andrea capì che le decorazioni potevano trasmettere emozioni e creare un'esperienza più profonda per i clienti.

A fine serata, il proprietario del ristorante si avvicinò a Andrea e lo ringraziò per aver contribuito a rendere la serata così speciale per gli ospiti. Andrea si rese conto che il suo impegno nell'aggiungere dettagli decorativi poteva davvero trasformare l'esperienza dei clienti, lasciando loro un ricordo duraturo.

Storia: "L'Organizzazione dell'Office: Cuore del Ristorante"

Questa storia mette in risalto l'importanza dell'organizzazione nell'office per garantire un flusso di lavoro efficiente.

Nel ristorante "Cuore Gastronomico," il cameriere Roberto scoprì quanto fosse fondamentale l'organizzazione dell'office per un flusso di lavoro efficiente. Durante una serata di grande affluenza, Roberto ebbe l'opportunità di mettere in pratica ciò che aveva appreso.

Nell'office, Roberto aveva imparato a organizzare gli utensili, i piatti, le posate e le bevande in modo strategico. Durante il servizio, mise in pratica questa organizzazione, prelevando gli oggetti necessari in modo rapido e preciso. Inoltre, si assicurò che gli altri camerieri fossero a conoscenza della disposizione dell'office, facilitando la cooperazione.

Quando uno dei camerieri ebbe bisogno di un piatto specifico, Roberto riuscì a fornirlo immediatamente senza dover cercare a lungo. Questo risparmio di tempo fu essenziale durante la serata frenetica, garantendo un servizio fluido e senza intoppi.

Alla fine della serata, il capo sala si avvicinò a Roberto e lo elogiò per la sua capacità di gestire l'office in modo così efficace. "Hai dimostrato che l'organizzazione è il cuore del ristorante. Grazie alla tua preparazione, siamo riusciti a offrire un servizio impeccabile," disse con apprezzamento.

Roberto comprese che l'organizzazione dell'office non solo facilitava il flusso di lavoro, ma contribuiva anche a garantire che ogni cliente ricevesse un servizio di alta qualità. Questa esperienza lo ispirò a continuare a perfezionare le sue competenze organizzative.

Capitolo 3: Rapportarsi con il Cliente nei Servizi Ristorativi

Gestione delle prenotazioni

La gestione delle prenotazioni è un aspetto cruciale per qualsiasi ristorante, poiché contribuisce all'organizzazione del flusso dei clienti e all'efficienza complessiva del servizio. Ecco alcuni suggerimenti per una gestione efficace delle prenotazioni:

1. Utilizza un Sistema di Prenotazione:
Implementa un sistema di prenotazione, che potrebbe essere un software dedicato o una piattaforma online. Questo semplifica il processo sia per i clienti che per il personale del ristorante.

2. Monitora le Prenotazioni Disponibili:
Tieni traccia delle tavole disponibili per ogni orario di prenotazione. Assicurati di bilanciare la capacità del ristorante con il numero di prenotazioni accettate per evitare sovraffollamento.

3. Fornisci Informazioni Chiare:
Sul tuo sito web o sulla piattaforma di prenotazione, fornisce dettagli importanti come il menu, l'indirizzo e le opzioni di contatto. Questo aiuta i clienti a prendere decisioni informate.

4. Tempi di Prenotazione:
Definisci i tempi di prenotazione consentiti, ad esempio intervalli di 15 minuti. Questo aiuta a pianificare il flusso di clienti e il servizio senza creare sovrapposizioni o ritardi.

5. Conferme e Promemoria:

Invia conferme di prenotazione ai clienti tramite e-mail o SMS. Inoltre, invia promemoria qualche giorno prima dell'appuntamento per ridurre le possibilità di dimenticanza.

6. Politica di Annullamento:
Stabilisci una politica di annullamento chiara, indicando se è richiesta una notifica anticipata e se ci sono penalità per le cancellazioni tardive.

7. Ottimizza la Distribuzione dei Tavoli:
Organizza il layout delle tavole in modo da massimizzare l'utilizzo dello spazio e creare un flusso di lavoro agevole per i camerieri.

8. Periodi di Punte:
Durante i periodi di punta, come i fine settimana o le festività, potresti voler adottare politiche di prenotazione diverse, come richiedere un numero minimo di ospiti o un deposito.

9. Gestione Manuale delle Prenotazioni:
Anche se un sistema di prenotazione automatizzato è utile, tieni la possibilità di accettare prenotazioni telefoniche o in persona.

10. Registra le Preferenze dei Clienti:
Se possibile, tieni traccia delle preferenze dei clienti, come tavoli preferiti o richieste dietetiche. Questo può migliorare l'esperienza del cliente e dimostrare attenzione ai dettagli.

La gestione delle prenotazioni è un equilibrio tra l'accettazione di prenotazioni sufficienti per mantenere un flusso costante di clienti e il mantenimento di uno spazio confortevole e ben organizzato. Con un buon sistema e una pianificazione attenta, puoi offrire un servizio efficiente e soddisfacente ai tuoi ospiti.

Accoglienza calorosa e professionale

1. Saluto Sincero: "Benvenuti al nostro ristorante! Siamo felici di avervi qui oggi."

2. Riconoscimento del Cliente: "Buonasera, signora Smith! È un piacere rivederla da noi."

3. Offerta di Assistenza: "Come posso aiutarvi oggi? Siamo pronti a rendere la vostra esperienza qui speciale."

4. Presentazione del Cameriere: "Buonasera, il mio nome è Marco e sarò il vostro cameriere questa sera. Sarò lieto di assistervi in tutto."

5. Conoscenza del Menu: "Vi offrirò il menu e sarò felice di rispondere a qualsiasi domanda abbiate sulle nostre specialità."

6. **Offerta di Bevande: "Posso iniziare portando qualcosa da bere? Abbiamo una selezione di vini e cocktail deliziosi."

7. Creazione di un'Atmosfera Confortevole: "Scegliete pure il vostro tavolo. Possiamo farvi accomodare in un angolo tranquillo o vicino alla finestra."

8. Presentazione delle Specialità: "Oggi abbiamo delle specialità stagionali che vi consiglio vivamente di provare. Sono alcune delle nostre creazioni più apprezzate."

9. Rispetto delle Richieste: "Ho notato che avete menzionato una preferenza per piatti senza glutine. Abbiamo opzioni appositamente preparate per voi."

10. Anticipazione delle Esigenze: "Vi lascerò un po' di tempo per esaminare il menu. Nel frattempo, porto dell'acqua fresca e del pane caldo."

11. Ringraziamento e Cortesia: "Grazie per aver scelto il nostro ristorante. Siamo qui per garantire che abbiate un'esperienza eccezionale."

12. Rispetto della Privacy: "Sarò a vostra disposizione, ma vi lascerò godere il vostro momento senza interrompervi eccessivamente."

L'accoglienza calorosa e professionale crea un'impressione duratura sui clienti e contribuisce a un'esperienza positiva. L'obiettivo è far sentire i clienti apprezzati, benvenuti e confortevoli, così da favorire un'atmosfera piacevole e rilassata nel tuo ristorante.

Presa delle comande con attenzione

La presa delle comande è un momento cruciale nel servizio ristorativo, in cui è importante ascoltare attentamente i desideri dei clienti e comunicare in modo chiaro con il personale di cucina. Ecco alcuni suggerimenti su come prendere le comande con attenzione:

1. Attento Ascolto:
- Guarda il cliente negli occhi e dimostra interesse genuino mentre ascolti le loro preferenze.
- Evita distrazioni e concentra la tua attenzione completamente sul cliente.

2. Domande Chiare:
- Poni domande specifiche per comprendere le scelte del cliente. Ad esempio, "Desidera l'insalata con il condimento di casa o con l'olio d'oliva?"

3. Ripeti l'Ordine:
- Ripeti l'ordine del cliente a voce alta, confermando che hai compreso correttamente ogni dettaglio.

4. Nota le Richieste Speciali:
- Registra accuratamente qualsiasi richiesta speciale o restrizione dietetica.
- Assicurati che queste richieste siano chiare e che vengano comunicate correttamente in cucina.

5. Conferma Con Precisione:
- Assicurati che ogni piatto e bevanda sia confermato in modo preciso. Ad esempio, "Quindi per l'antipasto avremo l'insalata mista e per il secondo il filetto di manzo al punto."

6. Chiedi Chiarimenti:
- Se qualcosa non è chiaro, chiedi al cliente di specificare ulteriormente o chiedi al personale di cucina per ulteriori dettagli.

7. Comunicazione Chiaro e Senza Errori:
- Trasmetti con chiarezza le comande al personale di cucina. Utilizza un linguaggio conciso e diretto.

8. Conferma e Ringraziamenti:
- Prima di andare via dal tavolo, conferma che hai preso tutte le comande correttamente. Ringrazia il cliente e rassicuralo che il loro ordine sarà elaborato con cura.

9. Verifica Tutto Prima di Inviare:
- Prima di inviare l'ordine alla cucina, verifica nuovamente che tutte le informazioni siano corrette. Evita errori di trascrizione o omissioni.

Prendere le comande con attenzione non solo contribuisce a un servizio impeccabile, ma dimostra anche ai clienti che il loro desiderio di avere un pasto su misura è importante per te. Una presa delle comande accurata garantisce che i clienti ricevano esattamente ciò che desiderano, creando un'esperienza positiva nel tuo ristorante.

Affrontare imprevisti e criticità con cortesia

Ecco alcuni esempi da affrontare con cortesia

1. **Problema nel Piatto: "Mi scuso sinceramente per l'inconveniente. Possiamo sostituire il piatto o offrirvi un'alternativa che soddisfi le vostre preferenze?"

2. Tempo di Attesa Prolungato: "Capisco che stiate aspettando da un po'. Siamo al lavoro per farvi arrivare il vostro ordine nel più breve tempo possibile."

3. Piatto Esaurito: "Mi dispiace, ma il piatto che avete scelto è esaurito per questa serata. Posso suggerirvi un'opzione altrettanto deliziosa?"

4. Errore di Comunicazione: "Chiedo scusa per il disguido. Stiamo risolvendo la situazione immediatamente e assicurandoci che tutto sia corretto."

5. Situazione Inattesa: "Sta succedendo qualcosa di imprevisto, ma vi assicuro che faremo tutto il possibile per garantire una piacevole esperienza qui."

6. Risposta alle Preoccupazioni: "Apprezzo il vostro feedback. Lavoreremo subito per risolvere la situazione e garantire che il vostro pasto sia soddisfacente."

7. Rimborso o Compensazione: "Per rimediare alla situazione, vorremmo offrirvi uno sconto sul conto o una bevanda omaggio."

8. Attenzione Personale: "Mi dispiace che ci sia stato un problema. Sono qui per voi, quindi per favore fatemi sapere come posso migliorare questa esperienza."

9. Fornire Informazioni: "Stiamo affrontando una situazione eccezionale al momento, ma vi terremo informati sui tempi e su come stiamo risolvendo il problema."

10. Ringraziamento per la Comprensione: "Vi ringrazio per la vostra pazienza e comprensione in questa situazione. Siamo grati per la vostra presenza qui."

Affrontare imprevisti e criticità con cortesia è fondamentale per preservare la reputazione del ristorante e garantire che i clienti si sentano rispettati e ascoltati. La chiave è comunicare apertamente, fornire soluzioni e dimostrare che stai lavorando attivamente per risolvere qualsiasi problema.

Queste storie illustrano l'importanza di una gestione attenta delle prenotazioni, di un'accoglienza autentica, dell'ascolto attivo delle comande e della gestione di imprevisti con cortesia.

Storia: "La Prenotazione Speciale"

Nel ristorante "Gusto Unico," il giovane cameriere Alessio imparò l'importanza di una gestione attenta delle prenotazioni. Un giorno, ricevette una prenotazione per una coppia in occasione del loro anniversario di matrimonio. Decise di rendere questa serata speciale sin dall'inizio.

Prima del loro arrivo, Alessio decorò il tavolo con petali di rose e accese candele profumate. Quando la coppia arrivò, li accolse con un sorriso sincero e li condusse al tavolo preparato con cura. Durante la serata, si assicurò che il servizio fosse impeccabile e che ogni dettaglio fosse perfetto.

Alla fine della cena, la coppia si avvicinò a Alessio e gli ringraziò per aver reso la loro serata così indimenticabile. Alessio capì che una gestione attenta delle prenotazioni non solo ottimizzava l'organizzazione, ma poteva anche contribuire a creare esperienze memorabili per i clienti.

Storia: "Un Benvenuto Autentico"

Nel ristorante "Benvenuti Gusti," la cameriera Laura era conosciuta per la sua accoglienza calorosa e professionale. Una sera, un gruppo di clienti entrò nel ristorante con un'espressione preoccupata. Laura si avvicinò con un sorriso gentile e chiese se c'era qualcosa che potesse fare per aiutarli.

I clienti spiegarono che avevano avuto una giornata difficile e cercavano un posto dove poter rilassarsi. Laura capì l'importanza di mettersi nei loro panni e li guidò al tavolo in modo premuroso. Durante il servizio, prese il tempo per chiacchierare con loro, cercando di sollevare il loro spirito.

Alla fine della serata, i clienti la ringraziarono per l'accoglienza speciale. "Hai reso la nostra serata così piacevole," dissero con gratitudine. Laura imparò che l'accoglienza non riguardava solo la professionalità, ma anche la capacità di mettere i clienti a proprio agio e farli sentire apprezzati.

Storia: "Le Comande Che Parlano"

Nel ristorante "Gusto Autentico," il cameriere Marco capì quanto fosse importante ascoltare attentamente i clienti quando prese le loro comande. Durante una serata movimentata, una coppia ordinò un piatto da condividere, ma fece notare una restrizione alimentare importante.

Marco assicurò alla coppia che avrebbe fatto il possibile per adattare il piatto alle loro esigenze. Trasmise la richiesta in cucina con chiarezza e dettagli, assicurandosi che gli chef fossero a conoscenza della restrizione.

Quando il piatto fu servito, la coppia sorrise soddisfatta. Si avvicinarono a Marco e lo ringraziarono per aver ascoltato attentamente e aver reso la loro esperienza senza problemi. Marco capì che prendere le comande non era solo un atto meccanico, ma un'opportunità per dimostrare attenzione e cura.

Storia: "Il Gusto dell'Imprevisto"

Nel ristorante "Sorpresa Gustosa," la cameriera Francesca imparò a gestire imprevisti e criticità con cortesia. Durante una serata molto affollata, un cliente notò che il suo piatto era stato servito con un ingrediente che aveva specificamente evitato a causa di un'allergia.

Francesca si avvicinò al cliente con calma e si scusò sinceramente per l'errore. Prontamente sostituì il piatto e assicurò al cliente che l'errore non sarebbe stato addebitato sul conto. Il cliente apprezzò la risposta rapida e comprensiva di Francesca.

Alla fine della serata, il cliente si avvicinò a Francesca e la ringraziò per aver gestito la situazione in modo così professionale. Francesca capì che affrontare imprevisti con cortesia non solo risolveva la situazione, ma poteva anche rafforzare il rapporto con il cliente.

Capitolo 4: Preparazione di Bevande da Caffetteria e Altro

In questo capitolo abbiamo voluto scrivere alcuni esempi per la preparazione di alimenti, sperimentate voi con la vostra fantasia per creare piatti che soddisfino il vostro palato.

Creazione di bevande caffetteria classiche

Ecco alcuni esempi di bevande classiche da caffetteria, insieme alle loro preparazioni:

1. Espresso:
   - Preparazione: Estrai 0,07 ml di caffè macinato finemente in una macchina per espresso.
   Servizio: Servi l'espresso in una piccola tazzina pre-riscaldata.

2. Cappuccino:
   - Preparazione: Estrai un doppio shot di espresso e versa delicatamente latte vapore nella proporzione di 1/3 espresso, 1/3 latte vapore e 1/3 schiuma di latte.
   - Servizio: Decora con una leggera spolverata di cacao o cannella.

3. Latte Macchiato:
   - Preparazione: Versa latte vapore in un bicchiere e aggiungi un singolo shot di espresso.
   - Servizio: Il caffè espresso "macchia" il latte, creando strati distinti.

4. Americano:
   - Preparazione: Prepara un singolo espresso e allunga con acqua calda nella proporzione di 1/3 espresso e 2/3 acqua.
   - Servizio: Puoi aggiungere zucchero o sciroppo a piacere.

5. Mocha:

- Preparazione: Prepara un singolo shot di espresso, mescola con cioccolato in polvere e aggiungi latte vapore.
- Servizio: Guarnisci con panna montata e scaglie di cioccolato.

6. Caffè Latte:

- Preparazione: Estrai un singolo espresso e aggiungi latte vapore nella proporzione di 1/3 espresso e 2/3 latte.
- Servizio: La consistenza liscia rende il latte ideale per creare latte art.

7. Caffè Misto:

- Preparazione: Versa una quantità uguale di caffè espresso e latte caldo.
- Servizio: Puoi aggiungere sciroppo, vaniglia o caramello per aromatizzare.

8. Flat White:

- Preparazione: Estrai un doppio espresso e aggiungi latte vapore ben microfoam (schiuma di latte e aria) nella proporzione di 1/3 espresso e 2/3 latte.
- Servizio: Guarnisci con una piccola spirale di latte vapore.

9. Macchiato:

- Preparazione: Estrai un singolo espresso e aggiungi solo una piccola quantità di latte vapore o schiuma di latte.
- Servizio: Una "macchia" di latte dà un tocco di cremosità all'espresso.

10. Cortado:

- Preparazione: Estrai un doppio espresso e aggiungi quantità pari di latte vapore.
- Servizio: Il latte vapore bilancia l'intensità dell'espresso senza diluirne troppo il sapore.

Sperimenta con diversi tipi di caffè, macinature e proporzioni per ottenere il gusto perfetto per te e i tuoi clienti. Ricorda che la qualità del caffè, la macinatura corretta e una buona tecnica di estrazione sono fondamentali per ottenere risultati eccellenti.

Preparazione di bevande alcoliche e analcoliche

Ecco alcuni esempi di bevande alcoliche e analcoliche, insieme alle loro preparazioni:

Bevande Alcoliche:

1. Mojito:
   - Preparazione: In un bicchiere alto, schiaccia zucchero, foglie di menta e succo di lime. Aggiungi rum bianco e ghiaccio tritato. Completare con soda.
   - Guarnizione: Rametto di menta e fetta di lime.

2. Margarita:
   - Preparazione: Agita tequila, triple sec e succo di lime con ghiaccio in uno shaker. Filtra in un bicchiere da margarita con il bordo bagnato di sale.
   - Guarnizione: Fetta di lime o scorza d'arancia.

3. Negroni:
   - Preparazione: Mescola parti uguali di gin, vermut rosso e Campari in un bicchiere basso con ghiaccio.
   - Guarnizione: Scorza d'arancia.

4. Pina Colada:
   - Preparazione: Frulla rum bianco, succo d'ananas e crema di cocco con ghiaccio. Versa in un bicchiere da cocktail.
   - Guarnizione: Fetta di ananas o ciliegia al maraschino.

5. Cosmopolitan:
   - Preparazione: Agita vodka, triple sec, succo di lime e succo di mirtillo rosso in uno shaker con ghiaccio.
   - Guarnizione: Scorza d'arancia o twist di limone.

Bevande Analcoliche:

1. Virgin Mojito:
   - Preparazione: Schiaccia zucchero, foglie di menta e succo di lime in un bicchiere alto. Aggiungi ghiaccio e soda. Mescola bene.
   - Guarnizione: Rametto di menta e fetta di lime.

2. Virgin Mary:
   - Preparazione: Mescola succo di pomodoro, succo di limone, salsa Worcestershire e tabasco in un bicchiere alto con ghiaccio.
   - Guarnizione: Sedano, fettina di limone, oliva.

3. Virgin Piña Colada:
   - Preparazione: Frulla succo d'ananas e crema di cocco con ghiaccio. Versa in un bicchiere da cocktail.
   - Guarnizione: Fetta di ananas o ciliegia al maraschino.

4. Shirley Temple:
   - Preparazione: Mescola ginger ale e succo di grenadine in un bicchiere con ghiaccio.
   - Guarnizione: Ciliegia al maraschino.

5. Lemonade alla Lavanda:
   - Preparazione: Mescola limonata, acqua e sciroppo di lavanda in un bicchiere con ghiaccio.
   - Guarnizione: Rametto di lavanda fresca.

Questi sono solo alcuni esempi, e puoi personalizzare le ricette aggiungendo o modificando ingredienti a seconda dei gusti e delle preferenze dei tuoi clienti. Sperimenta con combinazioni di gusti per creare bevande uniche e deliziose.

Energizzanti e creazione di bevande speciali

Bevande Energizzanti:

1. Espresso Martini:
   - Preparazione: Agita vodka, liquore al caffè e un singolo shot di espresso con ghiaccio in uno shaker.
   - Servizio: Filtra in una coppa da martini e guarnisci con tre chicchi di caffè.

2. Red Bull Vodka:
   - Preparazione: Versa vodka e Red Bull in un bicchiere alto con ghiaccio.
   - Servizio: Guarnisci con una fetta di lime.

3. Irish Coffee:
   - Preparazione: Versa whisky irlandese e zucchero in una tazza da caffè, aggiungi caffè caldo e mescola. Completa con panna montata.
   - Guarnizione: Panna montata e una spolverata di cannella.

4. Matcha Latte Energizzante:
   - Preparazione: Mescola polvere di matcha con latte caldo e agita bene.
   - Servizio: Puoi dolcificare con sciroppo d'acero e guarnire con una spolverata di matcha.

5. Smoothie Energizzante:

- Preparazione: Frulla banana, spinaci, ananas, kiwi, e un po' di acqua di cocco.
- Servizio: Versa in un bicchiere e aggiungi semi di chia o granola per un tocco extra.

Bevande Speciali:

1. Blue Lagoon:
   - Preparazione: Mescola curaçao blu e vodka con ghiaccio in uno shaker. Filtra in un bicchiere alto.
   - Guarnizione: Fetta d'arancia o ciliegia al maraschino.

2. Elderflower Spritz:
   - Preparazione: Mescola sciroppo di sambuco e prosecco con ghiaccio in un bicchiere da spritz.
   - Servizio: Completa con un tocco di soda e guarnisci con una fetta di limone.

3. Tropical Sunrise:
   - Preparazione: Versa rum bianco, succo d'ananas e grenadine in un bicchiere alto con ghiaccio.
   - Guarnizione: Fetta d'arancia e ciliegia al maraschino.

4. Raspberry Lemonade Fizz:
   - Preparazione: Mescola sciroppo di lampone, succo di limone e soda in un bicchiere alto.
   - Guarnizione: Lampone fresco e fetta di limone.

5. Spiced Apple Cider:
   - Preparazione: Scalda sidro di mele con cannella, chiodi di garofano e scorza d'arancia.
   - Servizio: Versa in una tazza da tè e guarnisci con una stecca di cannella.

Sperimenta con ingredienti e proporzioni per creare bevande energizzanti e speciali uniche che soddisfino i gusti dei tuoi clienti. La creatività può portare a combinazioni sorprendenti e memorabili.

Presentazione di coppe di gelato e dessert liquidi

1. Affogato al Caffè:
   - Preparazione: Posiziona una pallina di gelato alla vaniglia in una coppa. Versa delicatamente un singolo shot di espresso caldo sopra il gelato.
   - Guarnizione: Puoi aggiungere una cioccolata tritata o una scorza di arancia.

2. Coppa di Gelato Sundae:
   - Preparazione: Inizia con un fondo di salsa al cioccolato o caramello. Aggiungi palline di gelato, cospargi con granella di nocciola o cacao e completa con panna montata.
   - Guarnizione: Guarnisci con una ciliegia al maraschino o una fetta di banana.

3. Pudding al Caramello:
   - Preparazione: Versa uno strato di caramello in una coppa. Aggiungi uno strato di budino al cioccolato o alla vaniglia. Ripeti per un effetto stratificato.
   - Guarnizione: Aggiungi un ciuffo di panna montata e qualche scaglia di cioccolato.

4. Parfait al Frutto:
   - Preparazione: Alterna strati di yogurt, frutta fresca a pezzi e granola in una coppa.
   - Guarnizione: Aggiungi un po' di miele o sciroppo d'acero sopra, insieme a qualche frutto fresco.

5. Dessert al Cioccolato Fondente:

- Preparazione: Fai sciogliere cioccolato fondente e versa uno strato nel fondo di una coppa. Aggiungi palline di gelato alla vaniglia o cioccolato.
- Guarnizione: Cospargi con granella di nocciole tostate o pezzetti di cioccolato bianco.

6. Crema Bruciata al Caramello:

- Preparazione: Versa una crema bruciata al caramello in una coppa. Cospargi uno strato di zucchero sopra e brucia con un cannello per creare una crosta croccante.
- Guarnizione: Aggiungi una fragola o una foglia di menta.

7. Milkshake al Cioccolato:

- Preparazione: Frulla gelato al cioccolato con latte fino a ottenere un composto cremoso. Versa nel bicchiere.
- Guarnizione: Guarnisci con panna montata e scaglie di cioccolato.

8. Dessert al Mango:

- Preparazione: Mescola mango frullato con yogurt e versa in una coppa. Aggiungi pezzi di mango fresco sopra.
- Guarnizione: Completare con qualche foglia di menta fresca.

La presentazione è fondamentale per creare un impatto visivo e gustativo nei dessert. Gioca con i colori, le consistenze e le guarnizioni per rendere ogni coppa di gelato e dessert liquido un'opera d'arte gustativa.

Queste storie mettono in luce l'arte di preparare bevande da caffetteria e altro, mostrando come i baristi possano creare esperienze uniche attraverso l'attenzione ai dettagli, la creatività e l'abilità tecnica.

Storia: "Il Caffè Perfetto"

Nel caffè "Gusto Italiano," il barista Matteo era un maestro nell'arte di preparare caffè. Un giorno, un cliente entrò e chiese un espresso perfetto. Matteo lo accolse con un sorriso e iniziò il suo lavoro con attenzione.

Macinò i chicchi di caffè appena prima dell'estrazione e controllò la temperatura dell'acqua. Con gesti precisi, versò l'espresso nella tazzina, assicurandosi che la crema fosse densa e dorata. Il cliente prese un sorso e sorrise di soddisfazione.

Il cliente si avvicinò al bancone e disse: "Questo è davvero l'espresso perfetto! Posso sentire il tuo impegno nella preparazione." Matteo capì che la creazione di una bevanda caffetteria classica richiedeva dedizione e cura nei dettagli.

Storia: "Il Mixologo Creativo"

Nel bar "Mix Gustosi," il barista Sofia era nota per la sua abilità nella preparazione di bevande alcoliche e analcoliche creative. Una sera, un gruppo di amici entrò e chiese a Sofia di sorprenderli con qualcosa di nuovo.

Sofia si mise all'opera e creò una miscela unica di liquori e aromi freschi. Agitò gli ingredienti con energia e versò la bevanda in bicchieri elegantemente decorati. I clienti presero i primi sorsi e i loro volti si illuminarono di sorpresa e soddisfazione.

Uno dei clienti disse: "Questa bevanda è un'opera d'arte liquida! Complimenti per la tua creatività." Sofia comprese che la preparazione di bevande alcoliche richiedeva non solo competenze tecniche, ma anche una mente aperta alla sperimentazione.

Storia: "L'Energia in una Tazza"

Nel bar "Vivace Gusto," il barista Luca era esperto nel creare bevande energizzanti. Un giorno, un cliente entrò in cerca di una bevanda che lo aiutasse a superare una giornata lunga e impegnativa.

Luca preparò una miscela di caffè robusto, ingredienti naturali energizzanti e una spruzzata di cioccolato fondente. Il cliente prese il primo sorso e si sentì subito rinfrancato. Sorridendo, disse: "Questa bevanda è esattamente ciò di cui avevo bisogno!"

Luca capì che le bevande energizzanti richiedevano un equilibrio tra ingredienti che davano energia e un sapore irresistibile. Questa esperienza lo spinse a continuare a perfezionare le sue creazioni.

Storia: "La Bevanda delle Occasioni Speciali"

Nel ristorante "Momenti Indimenticabili," il barista Elena aveva una passione per la creazione di bevande speciali per occasioni uniche. Durante una serata di celebrazione, un gruppo di ospiti chiese una bevanda che potesse incarnare l'atmosfera festosa.

Elena preparò una bevanda spumeggiante a base di champagne, frutti freschi e un tocco di liquore aromatico. Decorò i bicchieri con fiori ed eleganti stuzzichini. Quando i clienti assaggiarono la bevanda, i loro volti si illuminarono di gioia.

Uno dei clienti disse: "Questa bevanda è un vero inno alla festa! Grazie per aver reso questa serata ancora più speciale." Elena comprese che la creazione di bevande speciali richiedeva creatività e un occhio per i dettagli che rendessero ogni occasione memorabile.

Capitolo 5: Preparazione di Snack e Piatti Veloci

- Creazione di panini, toast e tramezzini

1. Panino al Pollo Grigliato:
   - Preparazione: Griglia il petto di pollo, condiscilo con sale, pepe e erbe aromatiche. Metti il pollo su un panino con lattuga, pomodoro e maionese.

2. Toast all'Avocado:
   - Preparazione: Schiaccia l'avocado su una fetta di pane tostato. Aggiungi sale, pepe e una spolverata di peperoncino rosso. Guarnisci con pomodorini tagliati a metà.

3. Tramezzino al Tonno:
   - Preparazione: Mescola tonno in scatola sgocciolato con maionese, senape e cipolla tritata. Spalmalo su una fetta di pane e aggiungi lattuga, cetriolini sottaceto o cipolline

4. Panino Caprese:
   - Preparazione: Taglia mozzarella fresca, pomodori e basilico. Metti gli ingredienti su un panino e condisci con olio d'oliva, sale e pepe.

5. Toast al Formaggio Grigliato:
   - Preparazione: Metti fette di formaggio tra due fette di pane. Cuoci il toast in padella finché il formaggio non si scioglie e il pane è dorato.

6. Tramezzino al Salame e Formaggio:
   - Preparazione: Metti fette di salame e formaggio tra due fette di pane. Aggiungi foglie di lattuga e una spolverata di pepe.

7. Panino Vegetariano:
   - Preparazione: Taglia zucchine, peperoni e melanzane grigliate. Metti gli ingredienti su un panino con hummus e foglie di spinaci.

8. Toast al Prosciutto e Formaggio:
   - Preparazione: Metti fette di prosciutto cotto e formaggio tra due fette di pane. Cuoci il toast in tostapane o in padella.

9. Tramezzino al Salmone Affumicato:
   - Preparazione: Metti fette di salmone affumicato su una fetta di pane con crema di formaggio, cipolla rossa e capperi.

10. Panino Club:
   - Preparazione: Prepara strati di petto di pollo, bacon, lattuga, pomodoro e maionese tra tre fette di pane tostato.

Sperimenta con diversi ingredienti, condimenti e tipi di pane per creare combinazioni gustose e veloci di panini, toast e tramezzini. Questi sono solo alcuni esempi, ma le possibilità sono infinite.

Idee per Piatti Veloci e Appetitosi:

1. Insalata di Pollo alla Griglia:
   - Preparazione: Griglia il petto di pollo e taglialo a strisce. Mescola con lattuga, pomodorini, cetrioli e condisci con una vinaigrette leggera.

2. Pasta Aglio, Olio e Peperoncino:
   - Preparazione: Cuoci la pasta e saltala in padella con aglio tritato, peperoncino rosso e olio d'oliva. Aggiungi prezzemolo fresco e parmigiano.

3. Bruschetta con Pomodori e Basilico:

- Preparazione: Tosta fette di pane e spalma dell'aglio su di esse. Aggiungi cubetti di pomodoro fresco, basilico, sale, pepe e olio d'oliva.

4. Wrap al Tonno:
- Preparazione: Mescola tonno in scatola sgocciolato con maionese, senape e cipolla tritata. Riempi un wrap (piadina) con il tonno, lattuga e pomodoro.

5. Omelette al Formaggio:
- Preparazione: Sbatti le uova con formaggio grattugiato, sale e pepe. Cuoci l'omelette in padella e piegala a metà.

6. Panzanella:
- Preparazione: Taglia pane raffermo a cubetti e mescolalo con pomodorini, cetrioli, cipolla rossa, basilico e olive. Condisci con olio d'oliva e aceto balsamico.

7. Quesadilla al Formaggio:
- Preparazione: Metti fette di formaggio tra due tortillas. Cuoci la quesadilla in padella fino a quando il formaggio si scioglie.

8. Insalata Greca:
- Preparazione: Mescola cetrioli a cubetti, pomodori, feta, olive nere e cipolla rossa. Condisci con olio d'oliva e origano.

9. Pollo al Curry con Riso Basmati:
- Preparazione: Cuoci il pollo tagliato a pezzi in salsa di curry. Servi con riso basmati cotto.

10. Frittata di Verdure:
- Preparazione: Sbatti le uova con peperoni, zucchine, cipolla e formaggio a dadini. Cuoci la frittata in padella.

11. Piadina con Prosciutto e Formaggio:
   - Preparazione: Riempisci una piadina con fette di prosciutto cotto e formaggio. Aggiungi rucola e senape.

12. Insalata di Quinoa:
   - Preparazione: Cuoci la quinoa e mescolala con pomodorini, cetrioli, peperoni, olive e feta. Condisci con olio d'oliva e succo di limone.

Ricorda che la freschezza degli ingredienti e la combinazione di sapori sono fondamentali per rendere un piatto veloce davvero delizioso. Sperimenta con le tue preferenze e crea piatti che soddisfino il tuo palato.

Elaborazione di Crepes Dolci e Salate:

Crepes Dolci:

1. Crepes alla Nutella e Banana:
   - Preparazione: Spalma Nutella su una crepe e aggiungi fette di banana. Arrotola la crepe e spolvera con zucchero a velo.

2. Crepes al Cioccolato e Fragole:
   - Preparazione: Stendi una crepe, spalma crema di cioccolato al centro e aggiungi fragole a pezzetti. Piega a metà e decora con panna montata.

3. Crepes alla Marmellata e Ricotta:
   - Preparazione: Spalma marmellata sulla crepe e aggiungi una cucchiaiata di ricotta. Arrotola e servi con una spruzzata di zucchero a velo.

4. Crepes al Limone e Zucchero:
   - Preparazione: Spremi limone su una crepe e cospargi con zucchero. Arrotola e aggiungi scorza di limone grattugiata.

5. Crepes con Crema al Mascarpone e Frutta Fresca:
   - Preparazione: Spalma crema al mascarpone su una crepe, aggiungi fragole, kiwi e lamponi. Arrotola e guarnisci con cioccolato grattugiato.

Crepes Salate:

1. Crepes al Prosciutto e Formaggio:
   - Preparazione: Riempire una crepe con fette di prosciutto cotto e formaggio grattugiato. Piegarla a metà e scaldarla in padella fino a che il formaggio si scioglie.

2. Crepes al Pollo e Funghi:
   - Preparazione: Mescola pollo cotto a dadini con funghi saltati in padella. Riempi la crepe, piegala e scalda in padella.

3. Crepes al Formaggio di Capra e Spinaci:
   - Preparazione: Spalma formaggio di capra su una crepe e aggiungi foglie di spinaci. Arrotola e scotta in padella per un leggero calore.

4. Crepes al Salmone Affumicato e Crema al Limone:
   - Preparazione: Spalma una crema al limone sulla crepe, aggiungi fette di salmone affumicato e cipolla rossa a fette sottili. Piega e servi.

5. Crepes con Verdure Grigliate e Pesto:
   - Preparazione: Riempire una crepe con verdure grigliate (zucchine, peperoni, melanzane) e spalmare un po' di pesto. Piegarla a metà e scaldarla in padella.

Sia per le crepes dolci che per quelle salate, puoi personalizzare gli ingredienti e le combinazioni a tuo piacere. Sperimenta con diverse farciture e salse per creare crepes uniche e deliziose.

Queste storie mettono in risalto l'abilità di creare snack e piatti veloci appetitosi, dimostrando come la creatività, l'attenzione ai dettagli e l'uso di ingredienti di alta qualità possano rendere ogni piatto un'esperienza memorabile.

Storia: "L'Arte del Panino Perfetto"*

Nel caffè "Delizie Rapide," il cuoco Paolo era esperto nella creazione di panini, toast e tramezzini irresistibili. Una giornata movimentata, una cliente si avvicinò al bancone e chiese un panino leggero ma saporito.

Paolo sorrise e si mise all'opera. Scelse un pane appena sfornato, riempì il panino con un mix di ingredienti freschi e lo tostò leggermente. Il profumo invitante si diffuse mentre il panino si cucinava. Paolo servì il panino caldo e la cliente prese il primo morso con soddisfazione.

La cliente disse: "Questo panino è esattamente ciò che cercavo! Hai davvero un talento nell'arte dei sapori." Paolo capì che la preparazione di panini richiedeva una combinazione di ingredienti di alta qualità e la giusta tecnica di cottura.

Storia: "La Creatività nei Piatti Veloci"

Nel ristorante "Gusto Veloce," lo chef Alessandra amava sfidare sé stessa nella creazione di piatti veloci e appetitosi. Un giorno, un cliente chiese un piatto che fosse leggero ma non banale.

Alessandra preparò una porzione di riso integrale con verdure croccanti e una salsa leggera. Guarnì il piatto con erbe aromatiche fresche e semi di sesamo tostati. Il cliente assaporò ogni boccone e disse: "Questo piatto è semplicemente straordinario! Hai saputo trasformare ingredienti semplici in qualcosa di speciale."

Alessandra capì che la preparazione di piatti veloci richiedeva creatività nel bilanciare i sapori e presentare i piatti in modo accattivante.

Storia: "La Magia delle Crepes"

Nel ristorante "Crepes Incantate," il cuoco Maria aveva un debole per le crepes dolci e salate. Durante una serata in cui il ristorante presentava crepes in varie versioni, un gruppo di amici entrò entusiasta.

Maria preparò crepes leggere e soffici, farcite con una combinazione di frutti di bosco freschi e panna montata. I clienti assaggiarono le crepes e si sorrisero soddisfatti.

Un cliente disse: "Queste crepes sono un vero incanto! Hai il tocco magico per rendere ogni morso irresistibile." Maria capì che la preparazione di crepes richiedeva maestria nel creare un equilibrio tra dolcezza e leggerezza.

Storia: "La Creazione di Tramezzini Sorprendenti"

Nel bistrot "Gusti Inaspettati," lo chef Luca amava elaborare tramezzini unici e deliziosi. Un giorno, un gruppo di colleghi entrò per pranzare e chiese qualcosa di veloce ma gustoso.

Luca preparò tramezzini con pane integrale croccante, riempiti con una combinazione di ingredienti inaspettati: pollo arrosto, marmellata di cipolla caramellata e rucola fresca. I colleghi presero i primi morsi e si guardarono sorpresi e soddisfatti.

Uno dei colleghi disse: "Questi tramezzini sono davvero una sorpresa piacevole! Hai una capacità unica di abbinare sapori diversi in modo armonioso." Luca capì che la preparazione di tramezzini richiedeva audacia nell'esplorare nuovi abbinamenti di ingredienti.

Capitolo 6: Servizio di Cibi e Bevande con Professionalità

La presentazione dei piatti e delle bevande è cruciale per creare un'esperienza sensoriale completa e invitante per i tuoi ospiti. Ecco alcuni suggerimenti per una presentazione accattivante:

Presentazione dei Piatti:

1. Estetica Armoniosa: Disponi gli ingredienti in modo armonioso sul piatto, creando contrasti di colore e forma. Assicurati che il piatto sia ben bilanciato visivamente.

2. Decorazioni Commestibili: Utilizza erbe fresche, fiori commestibili o scaglie di formaggio per decorare i piatti. Questi dettagli possono aggiungere un tocco di eleganza e freschezza.

3. Semplicità ed Eleganza: A volte, meno è di più. Opta per una presentazione pulita ed elegante, mettendo in risalto i colori e gli ingredienti principali.

4. Altezza e Dimensione: Gioca con diverse altezze di cibo sul piatto, utilizzando ad esempio puree o salse per creare diversi livelli. Ciò aggiungerà dimensione e profondità alla presentazione.

5. Tavolozza di Colori: Scegli una tavolozza di colori che si abbina alla tipologia di piatto. Colori contrastanti possono rendere il piatto più accattivante visivamente.

6. Linee Pulite: Utilizza linee pulite e forme geometriche per disporre gli ingredienti. Le linee diritte o curve possono guidare l'occhio attraverso il piatto.

Presentazione delle Bevande:

1. Vetro Adeguato: Scegli un bicchiere o una tazza che si adatti al tipo di bevanda. Ad esempio, bicchieri alti per drink, tazze da caffè per caffè e bicchieri da vino per vini.

2. Guarnizioni Creative: Aggiungi guarnizioni come fette di agrumi, frutti di bosco o foglie di menta alle bevande. Questi dettagli aggiungono colore e freschezza.

3. Stratificazione Visiva: In bevande multistrato, come cocktail, crea uno strato visivo attraverso colori e densità diversi degli ingredienti.

4. Decorazioni del Bordo: Bagna i bordi dei bicchieri in zucchero colorato o sale per aggiungere un tocco di stile.

5. Percorsi di Ghiaccio: Aggiungi cubetti di ghiaccio colorati o fatti con ingredienti come frutti di bosco o fiori commestibili per un tocco visivo.

6. Posizionamento di Cannucce e Agitatori: Posiziona cannucce o agitatori in modo strategico nel bicchiere per un'aggiunta funzionale e decorativa.

7. Tovagliolo o Sottobicchiere: Abbinare tovaglioli o sottobicchieri al tema del tuo ristorante può completare la presentazione complessiva.

Ricorda che la presentazione non riguarda solo l'aspetto visivo, ma può influenzare anche le aspettative e le emozioni dei tuoi ospiti. Sii creativo e cerca di raccontare una storia attraverso la presentazione dei tuoi piatti e delle tue bevande.

Organizzazione del Servizio in Sala:

1. Prenotazioni e Accoglienza:
   - Esempio: Hai una prenotazione per una coppia alle 20:00. Assicurati di avere il tavolo pronto con tovagliette pulite, posate e bicchieri appropriati. Accogli i clienti con un sorriso e presentati, conducendoli al tavolo riservato.

2. Servizio dell'Acqua:
   - Esempio: Appena i clienti si siedono, portali subito dell'acqua fresca e offri di riempire i bicchieri durante tutto il pasto. Assicurati che l'acqua sia sempre a portata di mano e che i bicchieri non rimangano mai vuoti.

3. Raccolta dell'Ordine:
   - Esempio: Chiedi gentilmente ai clienti se sono pronti per ordinare. Ascolta attentamente le loro scelte e chiedi di specificare eventuali richieste speciali, allergie o restrizioni alimentari.

4. Trasmissione dell'Ordine in Cucina:
   - Esempio: Una volta raccolti gli ordini, inseriscili immediatamente nel sistema di gestione degli ordini o comunicali al tuo collega in cucina. Assicurati che ogni dettaglio dell'ordine sia corretto per evitare errori.

5. Tempo di Attesa:
   - Esempio: Durante il tempo di attesa per la preparazione dei piatti, monitora i tavoli regolarmente senza essere invadente. Offri del pane o dell'antipasto per far passare il tempo in modo piacevole.

6. Servizio dei Piatti:
   - Esempio: Una volta che i piatti sono pronti, porta i piatti ai tavoli in modo coordinato. Presenta ogni piatto con una breve descrizione e poni attenzione all'allestimento sul piatto.

7. Controllo durante il Pasto:
   - Esempio: Passa dai tavoli per assicurarti che i clienti stiano apprezzando il pasto. Chiedi se c'è qualcosa di cui hanno bisogno o se il cibo soddisfa le loro aspettative.

8. Offerta del Dessert o del Caffè:
   - Esempio: Una volta che i piatti principali sono stati consumati, offri dolci, caffè o digestivi. Descrivi le opzioni disponibili in modo invitante.

9. Prestazione del Conto:
   - Esempio: Alla fine del pasto, presenta il conto in modo discreto e cordiale. Chiedi se desiderano pagare in contanti, con carta o tramite app mobile.

10. Saluti e Ringraziamenti:
    - Esempio: Prima che i clienti lascino il ristorante, ringraziali per aver scelto il tuo locale e augurali una buona giornata o serata. Fai in modo che si sentano benvenuti e apprezzati.

L'organizzazione del servizio in sala richiede attenzione ai dettagli, tempestività e cortesia. Assicurati di avere una comunicazione fluida con il personale di cucina e che tutti siano a conoscenza delle norme di servizio e delle aspettative dei clienti.

Gestione dei Tempi tra Portate e Tavoli: Esempi

Scenario: Immagina che il tuo ristorante sia al completo, con tavoli prenotati per la cena. Vuoi garantire un'esperienza senza intoppi per i tuoi ospiti, assicurandoti che le portate vengano servite in modo appropriato e che tutti i tavoli ricevano attenzione equa.

1. Accoglienza e Prima Portata:
   - Esempio: Tavolo 1 è appena arrivato e ha ordinato gli antipasti. Nel frattempo, Tavolo 2 sta terminando gli antipasti e sta per ordinare i primi piatti. Assicurati che gli antipasti di Tavolo 1 siano pronti prima che Tavolo 2 termini.

2. Trasmissione dell'Ordine in Cucina:
   - Esempio: Tavolo 3 ha appena ordinato i primi piatti. Trasmetti subito l'ordine in cucina, in modo che i piatti inizino a essere preparati mentre gli ospiti terminano gli antipasti.

3. Tempo tra Portate:
   - Esempio: Tavolo 4 ha appena terminato i primi piatti e sta per ordinare i secondi. Assicurati che Tavolo 3 abbia ricevuto i primi piatti prima che Tavolo 4 inizi con i secondi.

4. Presentazione delle Portate:
   - Esempio: I secondi piatti di Tavolo 2 sono pronti. Portali al tavolo solo quando sono caldi e ben presentati, assicurandoti che l'attenzione sia centrata sui commensali.

5. Monitoraggio dei Tavoli:
   - Esempio: Tavolo 5 ha appena ordinato i primi piatti. Mentre attendono, passa da Tavolo 2 per assicurarti che i secondi piatti siano soddisfacenti. Chiedi se desiderano qualcosa in più.

6. Ciclo Completo delle Portate:
   - Esempio: Tavolo 1 ha finito i primi piatti e sta per ordinare i secondi. Allo stesso tempo, Tavolo 6 ha appena iniziato con gli antipasti. Trasmetti l'ordine di Tavolo 1 in cucina in modo che i secondi piatti siano pronti per il loro arrivo.

7. Gestione dei Dessert:
   - Esempio: Mentre alcuni tavoli iniziano a terminare i secondi piatti, altri potrebbero essere pronti per i dessert. Verifica i tempi di preparazione dei dessert e assicurati che siano pronti quando richiesto.

8. Offerta dei Caffè e dei Conti:
   - Esempio: Alcuni tavoli stanno finendo i dessert e potrebbero essere interessati a caffè o conti. Offri caffè e presenta i conti solo quando i clienti sembrano pronti a concludere la loro esperienza.

9. Saluti e Conclusione:
   - Esempio: Quando i clienti richiedono i conti, presenta i conti in modo cordiale. Assicurati che tutti i tavoli siano serviti e soddisfatti prima che i tuoi ospiti lascino il ristorante.

L'obiettivo è mantenere un flusso costante e armonioso tra le portate e i tavoli, evitando lunghe attese o sovrapposizioni di portate. La comunicazione con il personale di cucina e tra i membri del team in sala è essenziale per garantire che tutto vada secondo piano.

Consigli per un servizio cortese e attento

Ecco alcuni consigli per offrire un servizio cortese e attento ai tuoi clienti:

1. Sorriso Sincero: Accogli i clienti con un sorriso genuino. Un sorriso cordiale crea un'atmosfera accogliente e positiva.

2. Ascolto Attivo: Presta attenzione alle esigenze e alle richieste dei clienti. Ascolta con interesse e conferma di aver capito ciò che vogliono.

3. Cortesia nell'Interazione: Utilizza un linguaggio e un tono rispettoso e gentile. Evita linguaggio offensivo o informale, a meno che non sia appropriato al contesto.

4. Presentazione Personale: Presentati al tavolo con il tuo nome e sorridi. Questo crea un legame più personale con i clienti.

5. Conoscenza del Menu: Sii preparato per rispondere alle domande riguardanti il menu, gli ingredienti e le opzioni. La tua conoscenza del cibo e delle bevande dimostra professionalità.

6. Tempi di Servizio: Mantieni un ritmo costante nel servire i piatti, evitando tempi di attesa eccessivamente lunghi o eccessivamente brevi tra le portate.

7. Gestione delle Richieste Speciali: Gestisci con attenzione le richieste speciali, come allergie alimentari o restrizioni dietetiche. Assicurati che la cucina sia informata e che i piatti siano adattati di conseguenza.

8. Rispetto dello Spazio: Rispetta il bisogno dei clienti di avere il proprio spazio e la propria privacy. Non interrompere le conversazioni a meno che non sia necessario.

9. Suggerimenti Personalizzati: Offri suggerimenti sui piatti o le bevande in base ai gusti dei clienti. Mostra interesse per le loro preferenze.

10. Risoluzione di Problemi: Affronta eventuali problemi o lamentele con calma e professionalità. Ascolta il cliente, chiedi scusa se necessario e cerca di trovare una soluzione soddisfacente.

11. Ringraziamento Sincero: Alla fine del pasto, ringrazia i clienti per aver scelto il tuo ristorante e per la loro visita. Lascia un'impressione positiva duratura.

12. Follow-Up: Se possibile, fai un breve follow-up durante il pasto per assicurarti che tutto stia andando bene. Questo dimostra attenzione e cura.

13. Teamwork: Collabora con il tuo team per garantire un servizio fluido e coordinato. Comunicate costantemente per evitare errori o confusioni.

14. Personalizzazione: Quando appropriato, utilizza il nome dei clienti durante l'interazione per creare un legame personale.

15. Conclusione Cordiale: Al momento del congedo, ringrazia nuovamente i clienti e auguragli una piacevole giornata o serata. Lascia che si sentano accolti e valorizzati.

Un servizio cortese e attento crea un'esperienza memorabile per i clienti e può contribuire a fidelizzarli. Ricorda che ogni cliente è diverso, quindi adatta il tuo approccio alle loro esigenze individuali.

Queste storie sottolineano l'importanza della presentazione dei piatti e delle bevande, dell'organizzazione del servizio in sala, della gestione dei tempi tra le portate e dei sorrisi cordiali nel creare un'esperienza di servizio professionale e appagante per i clienti.

Storia: "La Danza della Presentazione"

Nel ristorante "Arte Gustosa," il cameriere Federico aveva una particolare abilità nella presentazione dei piatti e delle bevande. Durante una serata speciale, un gruppo di ospiti si sedette al suo tavolo.

Federico si avvicinò con un sorriso e iniziò a presentare le portate con eleganza. Descrisse ogni piatto nei minimi dettagli, rivelando l'ispirazione dietro ciascuna creazione. Gli ospiti ascoltarono affascinati e si lasciarono coinvolgere nella storia dei piatti.

Alla fine della serata, un ospite disse: "Grazie per aver reso la cena un'esperienza veramente artistica. Hai trasformato il cibo in opere d'arte con le tue parole." Federico capì che la presentazione non riguardava solo l'aspetto visivo, ma anche la capacità di raccontare una storia attraverso ogni portata.

Storia: "L'Orchestra del Servizio"

Nel ristorante "Eccellenza in Tavola," il capo sala Marco era abile nell'organizzazione del servizio in sala. Durante una serata affollata, Marco supervisionava ogni dettaglio, coordinando i camerieri e garantendo che il flusso di lavoro fosse impeccabile.

Con gesti precisi, Marco indicava ai camerieri quando servire le portate, assicurandosi che ogni tavolo ricevesse il suo ordine nel momento giusto. I clienti notarono l'armonia e l'efficienza del servizio e si lasciarono viziare dalla cura di Marco.

Alla fine della serata, un cliente disse: "Il servizio è stato impeccabile, come una vera orchestra ben diretta. Hai reso la cena un'esperienza senza intoppi." Marco capì che l'organizzazione del servizio richiedeva un coordinamento attento e un'attenzione costante ai dettagli.

Storia: "I Tempi Perfetti"

Nel ristorante "Ritmo Gustoso," la cameriera Elena aveva sviluppato un'abilità nell'arte di gestire i tempi tra le portate e i tavoli. Durante una serata di festa, il ristorante era affollato e molte prenotazioni erano state fatte.

Elena monitorava da vicino il ritmo del servizio, assicurandosi che ogni tavolo ricevesse le portate in modo sincronizzato. Si assicurava che i clienti potessero gustare ogni portata senza sentirsi né affrettati né trascurati.

Alla fine della serata, un cliente disse: "Hai davvero reso la cena un'esperienza rilassante e piacevole. Le portate sono arrivate nel momento perfetto." Elena capì che la gestione dei tempi richiedeva sensibilità verso le esigenze dei clienti e una pianificazione attenta.

Storia: "Il Servizio con un Sorriso"

Nel ristorante "Cortesia Gustosa," il cameriere Giorgio aveva una reputazione per il suo servizio cortese e attento. Ogni volta che si avvicinava a un tavolo, portava con sé un sorriso sincero e una predisposizione a mettersi al servizio dei clienti.

Durante una serata particolarmente affollata, Giorgio si prese il tempo di chiacchierare con ogni tavolo, ascoltando le preferenze e rispondendo alle domande. I clienti apprezzarono la sua attenzione e la sua cordialità.

Alla fine della serata, un cliente disse: "Grazie per averci fatto sentire così ben accolti. Il tuo sorriso e la tua cortesia hanno reso la cena ancora più piacevole." Giorgio capì che il servizio con un sorriso non solo creava un'atmosfera accogliente, ma anche una connessione genuina con i clienti.

Conclusione: L'Evoluzione della Professione del Cameriere e il Ruolo Chiave nella Ristorazione

Nel corso dei decenni, la professione del cameriere ha subito un'evoluzione notevole, passando da un semplice servizio di portate a un ruolo centrale nella creazione di esperienze gastronomiche indimenticabili. Questo libro ha esplorato in dettaglio l'importanza vitale del cameriere nella ristorazione moderna, mettendo in luce le competenze, le responsabilità e le sfide che definiscono questa professione.

Abbiamo scoperto che il cameriere non è solo colui che porta piatti e bevande ai tavoli, ma è un ambasciatore dell'ospitalità, un facilitatore delle esperienze culinarie e un partner dei cuochi nella creazione di opere d'arte gastronomiche. Dal servizio attento e cortese all'organizzazione di eventi e al coordinamento tra cucina e sala, il cameriere gioca un ruolo fondamentale nell'orchestrazione di un ristorante di successo.

L'attenzione ai dettagli, la conoscenza approfondita del menu, la capacità di comunicare con i clienti e di gestire situazioni impreviste sono solo alcune delle abilità che il cameriere moderno deve possedere. La sua presenza discreta ma premurosa, il suo sorriso sincero e la sua capacità di creare connessioni personali con i clienti sono elementi che rendono il servizio in sala un'arte in continua evoluzione.

Oltre a ciò, abbiamo esplorato il ruolo chiave del cameriere nella gestione delle prenotazioni, nell'accoglienza calorosa, nella trasmissione efficace degli ordini alla cucina e nella creazione di presentazioni accattivanti per piatti e bevande. Abbiamo evidenziato come la professione del cameriere vada ben oltre il semplice servizio, influenzando direttamente l'esperienza complessiva del cliente e contribuendo al successo e alla reputazione del ristorante.

In conclusione, il libro

"Eccellenza in Sala" Guida Pratica al Mestiere del Cameriere ha cercato di gettare luce su questa figura tanto importante, fornendo consigli pratici, strategie e approfondimenti per aiutare i camerieri a eccellere nel loro lavoro e a rafforzare il loro ruolo cruciale nella ristorazione. Che si tratti di un ristorante di alta classe o di un accogliente bistrot, il cameriere rimane il legame vitale tra la cucina e i commensali, contribuendo alla creazione di ricordi indimenticabili e gustose esperienze gastronomiche.

E infine alcune nozioni di come si deve comportare un cliente quando entra in un Ristorante

Il galateo del cliente al ristorante

Se il galateo a tavola ha una grande importanza già quando si è in casa propria, al ristorante è d'obbligo seguire le corrette norme comportamentali così da sentirsi e far sentire gli altri a proprio agio ed evitare cattive figure.

Le regole da seguire al ristorante sono diverse ma piuttosto semplici e seguono i principi basilari della buona educazione, dunque rispettarle non sarà complicato.

L'importante è mantenere sempre una certa eleganza e agire con naturalezza, avendo il massimo rispetto per chi pranza o cena con noi:

1 Innanzitutto, le buone maniere prevedono che se la porta del ristorante è chiusa, sarà chi invita a entrare per primo, precedendo gli altri suoi ospiti. Se l'ingresso è invece aperto sarà il contrario

2 Chi invita un gruppo di amici dovrà aspettare tutti sulla porta o subito fuori dal locale, come se dovesse accoglierli in casa propria

3 Deve essere la persona che invita a segnalare al cameriere di aver prenotato il tavolo, il quale si occuperà di far accomodare prima le donne

4 Se il cameriere è invece assente toccherà agli uomini cercare un tavolo e far sedere le signore, avendo cura di spostar loro prima la sedia

5 Chi incontra un amico o un conoscente nello stesso ristorante dovrà salutarlo unicamente con un cenno, senza stringergli la mano e senza intrattenersi tranne esplicita richiesta

6 Appena seduti è buona educazione appoggiare il tovagliolo aperto sulle gambe e successivamente sfogliare il menu

7 È possibile chiedere al cameriere la composizione di un determinato piatto ma il galateo impone di non fare alcun commento o smorfia

8 Qualora si dovesse trattare di un cibo che non rientra tra i propri gusti, occorrerà semplicemente ringraziare e ordinare altro, stando attenti a non dilungarsi troppo nella scelta

9 Ricordarsi che i camerieri vanno sempre trattati con cortesia e rispetto ed è bene dar loro del lei e mai del tu, così da non metterli in imbarazzo

10 Al ristorante l'uso del telefono è però permesso solo in caso di necessità: allontanarsi con discrezione dal tavolo e cercare di concludere la conversazione il prima possibile

11 È bene evitare di posarlo sulla tavola e di controllarlo spesso: gli altri commensali potrebbero interpretare il gesto come un segno di scarso interesse nei loro confronti

12 Mentre si attende la pietanza ordinata è vietato leggere una rivista

13 È soprattutto vietato guardare i tavoli vicini e far commenti sugli altri ospiti del ristorante

14 Anche se si ha molta fame, meglio evitare di mangiare il pane nel cestino o i grissini presenti sulla tavola, piuttosto iniziare a versare acqua e vino ai commensali vicini al proprio posto

15 L'assaggio del vino spetta a chi ha invitato gli altri oppure a una terza persona delegata in quanto ritenuta maggiormente esperta. Consultate anche il nostro galateo del bevitore, se volete approfondire

16 Nell'eventualità di un piatto o un vino poco gradito, chi ha invitato lo dovrà segnalare con educazione al cameriere, anche qui è doveroso evitare le smorfie

17 Prima di iniziare a mangiare bisognerà attendere che tutti siano stati serviti ma il galateo prevede che questa regola valga solo fino a sette commensali: se gli ospiti sono di più si rischia che le pietanze vengano portate a poco a poco e dunque che il proprio piatto si freddi

18 Se nel frattempo arriva un piatto da portata, il cibo andrà preso con le posate poste sul piano di servizio e mai con quelle proprie

19 Mangiare nella maniera più appropriata, utilizzando le normali regole previste dal galateo anche per i pasti in casa: è vietato fare la scarpetta

20 È vietato soffiare sul cibo per raffreddarlo ma aspettare che si freddi da solo

21 È vietato mangiare il pane o i grissini tra una portata e l'altra

22 È vietato toccarsi i capelli

23 È vietato usare gli stuzzicadenti e parlare a voce troppo alta

24 In caso di brindisi bisogna alzare il bicchiere verso la persona da festeggiare oppure verso il centro della tavola

25 Chi è astemio dovrà comunque partecipare portando il bicchiere alle labbra, senza berne il contenuto

26 Il galateo prevede infine che si lasci una mancia al cameriere che si è occupato del servizio, che andrà data con disinvoltura: è un segno di apprezzamento e di classe.
Nel caso in cui si paghi con la carta di credito, la mancia va data in contanti, a parte, nel momento in cui il cameriere

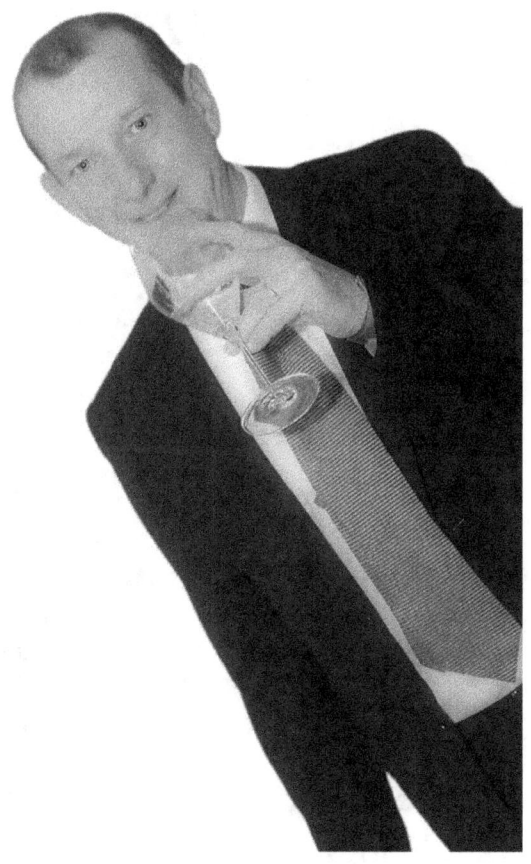

Grazie a tutti e buona lettura

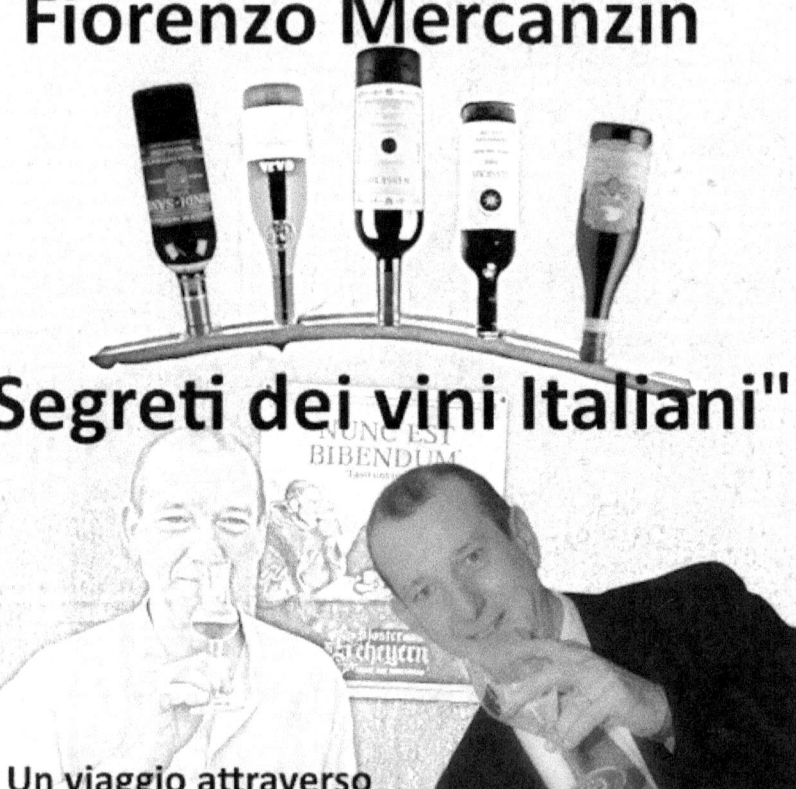

Fiorenzo Mercanzin

"I Segreti dei vini Italiani"

Un viaggio attraverso
la Storia, le Regioni,
i Terroir, le Tecniche Vinicole.

I più grandi produttori di vino,
le zone più importanti
per la produzione e non solo...

www.ingramcontent.com/pod-product-compliance
Lightning Source LLC
Chambersburg PA
CBHW072341290526
45794CB00002B/970